U0736969

安徽电力营销服务人员现场服务示范

国网安徽省电力有限公司　编

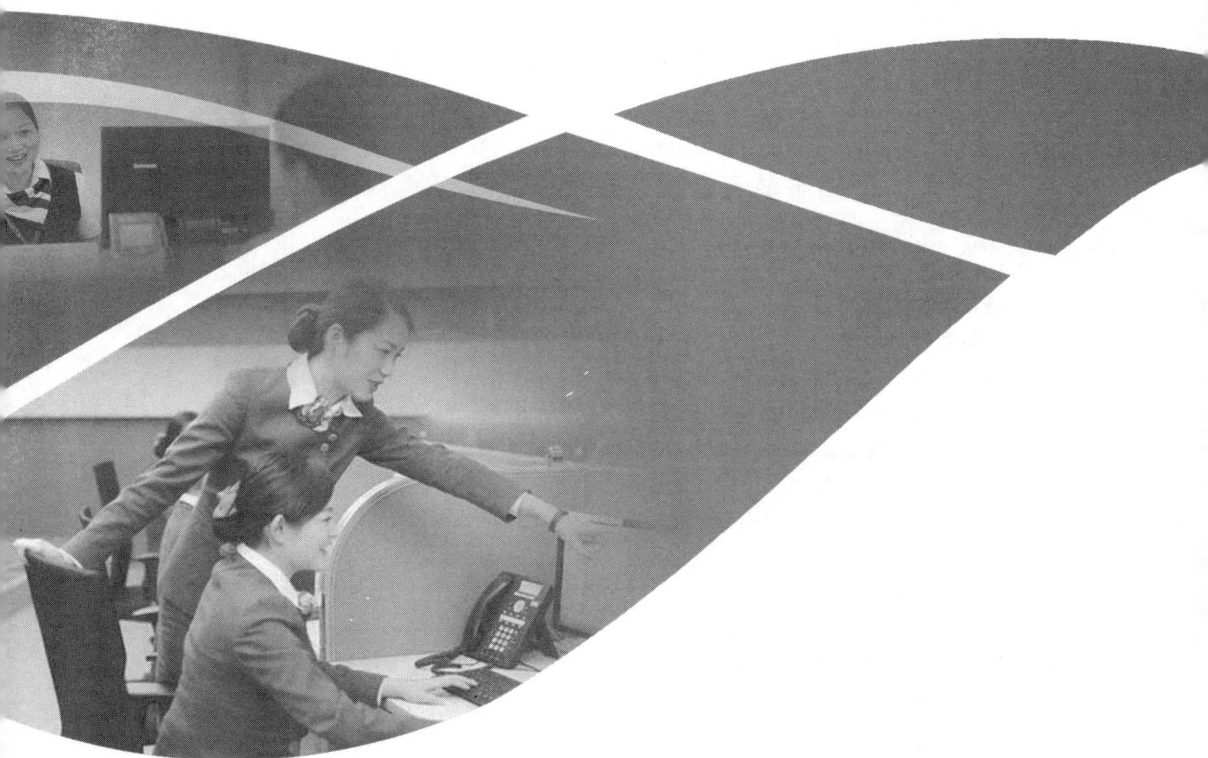

合肥工业大学出版社

图书在版编目(CIP)数据

安徽电力营销服务人员现场服务示范/国网安徽省电力有限公司编.—合肥：合肥工业大学出版社,2018.12

ISBN 978-7-5650-4279-9

Ⅰ.①安…　Ⅱ.①国…　Ⅲ.①电力工业—工业企业—营销服务—管理规范—安徽　Ⅳ.①F426.61-65

中国版本图书馆 CIP 数据核字(2018)第 271352 号

安徽电力营销服务人员现场服务示范

国网安徽省电力有限公司　编

责任编辑	张择瑞	
出版发行	合肥工业大学出版社	
地　址	(230009)合肥市屯溪路 193 号	
网　址	www.hfutpress.com.cn	
电　话	理工编辑部:0551-62903204	
	市场营销部:0551-62903198	
开　本	710 毫米×1010 毫米　1/16	
印　张	7	
字　数	89 千字	
版　次	2018 年 12 月第 1 版	
印　次	2018 年 12 月第 1 次印刷	
印　刷	合肥现代印务有限公司	
书　号	ISBN 978-7-5650-4279-9	
定　价	40.00 元	

如果有影响阅读的印装质量问题,请与出版社市场营销部联系调换。

《安徽电力营销服务人员现场服务示范》
编 委 会

主　　任：张　波
委　　员：周开保　徐晓耘　陈　伟
　　　　　叶　斌　左松林

编 写 组

组　　长：陈　伟　叶　斌
副组长：韩　号　袁加梅
成　　员：夏泽举　陈润生　孙伟红　张莉莉
　　　　　常　丽　张　薇　罗全才　汪宝琢
　　　　　卢曼丽　柯良珍　俞　斌　张　弛
　　　　　张梦寒　马　瑶　张　甜　吴玲玲
　　　　　黄华胜　梁后乐　卜　云　张　颖
审查人员：王　义　范　文　刘　捷

前　　言

　　国网安徽省电力有限公司一直高度重视供电服务工作,认真践行"人民电业为人民"的企业宗旨,坚持以客户为中心的服务理念,建立并实施电力营销人员标准化服务规范,深化"内质外形"建设,提升供电服务标准化水平。

　　电力营销服务人员现场服务示范是以《国家电网公司供电服务规范》等相关规定为基础,从供电服务工作的实际需要出发,采用标准化方法,对与客户之间的服务接触进行系统提炼、细化、优化,具有很强的指导性和操作性,是电力营销工作人员服务客户时的必备知识。

　　本书主要内容包括供电公司营业厅人员、现场勘查人员、装表接电人员、抄表催费人员、故障抢修人员、用电检查人员服务示范及现场通用服务规范7个部分,供广大电力营销工作人员学习借鉴、警示参考。

　　本示范由国网安徽省电力有限公司营销部组织编写。在编辑工作中,国网安徽省电力有限公司客户服务中心选派专业技术人员给予了大力支持,安徽各供电公司营销部也提出了一些非常好的建议,在此表示感谢。由于编者水平有限,本示范中难免有疏漏之处,敬请读者批评指正。

国网安徽省电力有限公司营销部

2018 年 11 月

目　　录

一、营业厅人员 ……………………………………………………（1）

（一）现场服务注意事项及风险点分析 …………………………（1）

1. 引导员 ………………………………………………………（1）

2. 收费员 ………………………………………………………（6）

3. 业务受理员 …………………………………………………（9）

（二）引导员行为规范与应答示范 ………………………………（18）

1. 门口迎宾典型情景 …………………………………………（18）

2. 分流导办典型情景 …………………………………………（18）

3. 咨询协办典型情景 …………………………………………（20）

4. 关爱服务典型情景 …………………………………………（21）

5. 门口送客典型情景 …………………………………………（22）

（三）收费员服务行为规范及服务应答示范 ……………………（23）

（四）业务受理员服务行为规范及服务应答示范 ………………（25）

1. 柜台接待典型情景 …………………………………………（25）

2. 柜台受理典型情景 …………………………………………（27）

3. 柜台送客典型情景 …………………………………………（30）

4. 咨询查询受理典型情景 ……………………………………（31）

5. 用电业务受理典型情景 ……………………………………（34）

6. 投诉举报受理典型情景 ……………………………………（38）

7. 意见建议受理典型情景 ……………………………………（40）

（五）营业厅电话服务典型情景行为规范与应答示范 …………（42）

二、业务勘察 ·· (44)

1. 现场服务注意事项及风险点分析 ·············· (44)

2. 业务勘查人员服务规范及应答示范 ·············· (47)

三、装表接电 ·· (50)

1. 现场服务注意事项及风险点分析 ·············· (50)

2. 装表接电人员服务规范及应答示范 ·············· (53)

四、抄表催费 ·· (58)

1. 现场服务注意事项及风险点分析 ·············· (58)

2. 抄催人员服务规范及应答示范 ·················· (62)

五、故障抢修 ·· (69)

1. 现场服务注意事项及风险点分析 ·············· (69)

2. 抢修人员情景行为规范与应答示范 ·············· (72)

六、用电检查 ·· (76)

1. 现场服务注意事项及风险点分析 ·············· (76)

2. 用电检查典型情景行为规范与应答示范 ·········· (81)

七、现场通用服务规范及应答示范 ·················· (84)

1. 预约客户典型情景 ···························· (84)

2. 出发前准备典型情景 ·························· (85)

3. 抵达现场典型情景 ···························· (85)

4. 作业前准备典型情景 ·························· (86)

5. 现场作业典型情景 ···························· (87)

6. 作业结束典型情景 ···························· (91)

7. 客户确认典型情景 ···························· (91)

8. 离开现场典型情景 ···························· (92)

附件 供电所接听电话应答话术 ·················· (93)

一、故障报修类参考话术 ·························· (93)

(一)一片停电 ···························· (93)

（二）一户停电 …………………………………………（95）

（三）电压过低 …………………………………………（96）

二、非故障类参考话术 …………………………………（98）

（一）欠费停电 …………………………………………（98）

（二）查询电量电费 ……………………………………（99）

（三）错发短信 …………………………………………（100）

（四）用户咨询业务办理流程 …………………………（100）

三、投诉类参考话术………………………………………（101）

一、营业厅人员

（一）现场服务注意事项及风险点分析

1. 引导员

1.1 客户走进营业厅

1.1.1 常见不当处理方式

（1）对客户走进营业厅，假装未看见，未及时引导。

（2）引导员与其他客户或熟人正在聊天。

1.1.2 主要风险点

客户因为未得到引导员的正确引导，导致排错队，耽误时间。

1.1.3 建议处理方式

引导员见到客户进入营业厅，应热情引导，主动上前询问，并根据客户反映问题，引导至相应柜台。

1.1.4 参考话术

您好！请问您要办理什么业务？

1.2 客户告知办理某项业务时

1.2.1 常见不当处理方式

引导员因业务不熟练，引导错误。引导员未引导客户在自助取号机取号。

1.2.2　主要风险点

客户因为未得到引导员的正确引导，导致排错队，延误办理。

1.2.3　建议处理方式

引导员应对营业厅所有业务熟悉并正确引导；营业厅配置自助取号机的，应主动引导客户取号，并指引客户到休息区等候；当客户咨询办理相关业务时，应主动引导到相应柜台办理。如果营业厅无排队叫号业务，应主动引导客户至相应柜台；办理业务客户较多时引导客户分流等候。

1.2.4　参考话术

请选择您要办理的业务，取号后请您到休息区稍候，谢谢！ 您好！您咨询的××业务在××柜台受理，您这边请！

1.3　客户直接咨询某项业务时

1.3.1　常见不当处理方式

(1)无法清楚准确回答客户咨询。

(2)向客户表示自己也不清楚，让客户问其他服务人员。

1.3.2　主要风险点

引导员业务不熟练，对客户的咨询推诿，未履行首问负责制。

1.3.3　建议处理方式

(1)清楚、准确回答客户咨询，准确、迅速地分析客户的需求，针对具体的业务办理流程和手续，对客户进行通俗易懂的讲解和说明。

(2)无法清楚准确回答客户咨询时，引导客户到相应柜台进行咨询。

(3)需事后回复：做好记录，请客户留下联络电话，并在约定时间回复客户。

1.3.4　参考话术

您好！您咨询的问题是这样的……您需要携带……到营业厅办理。您咨询的问题请到这边柜台来，请我们的业务人员给您解答。

1.4 客户不会使用自助服务设施或线上业务查询、业务办理

1.4.1 常见不当处理方式

发现对客户不会使用自助服务设施或线上业务时,不予指导。

1.4.2 主要风险点

客户需要帮忙或指导时,未给予热情指导。

1.4.3 建议处理方式

应主动上前询问,并耐心细致讲解自助服务设施使用方法,线上业务查询、办理流程。

1.4.4 参考话术

您好!请问我有什么能帮您?您好!需要我给您做个示范吗?

1.5 客户不会填写申请表单

1.5.1 常见不当处理方式

把书写样本扔给客户,让客户自己按照样本填写。

1.5.2 主要风险点

客户需要帮忙或指导时,未给予热情指导,导致客户填错申请单。

1.5.3 建议处理方式

按照客户需要办理的业务选择相应的书写示范样本进行引导。

1.5.4 参考话术

您好!您咨询的××业务在××柜台受理,您这边请!这是书写样本,您可参照填写。请在客户名称旁填写您的客户名……

1.6 老弱病残孕客户来到营业厅

1.6.1 常见不当处理方式

对特殊需要帮助的人群进入营业厅时,未特别关注。

1.6.2 主要风险点

对特殊需要帮助的人群,未提供帮助,导致客户在营业厅发生意外。

1.6.3　建议处理方式

主动上前帮扶、询问,并根据客户的具体需要,协助办理相关业务;业务结束后留下客户联系电话或地址,视具体情况请示领导是否需要提供上门服务。对听力不好的客户,应适当提高音量,放慢语速。对聋哑等特殊客户必要时可采取手语或书写的方式提供服务。

1.6.4　参考话术

您好!请问有什么可以帮您?不方便的话,我来帮您办理。

1.7　客户带小孩来营业厅

1.7.1　常见不当处理方式

对客户带小孩来营业厅,未特别关注。

1.7.2　主要风险点

客户在交费或办理业务时,因孩子未注意看管,导致孩子在营业厅触摸带电设备、被自动门夹着、被饮水机热水烫着等突发状况。

1.7.3　建议处理方式

主动上前询问是否需要帮助,应特别提醒注意安全。

1.7.4　参考话术

您好!请您及时提醒您的孩子注意安全。

1.8　雨雪天路滑,客户来到营业厅办理业务

1.8.1　常见不当处理方式

未及时铺设防滑垫,摆放小心跌滑指示牌。

1.8.2　主要风险点

因雨雪天路滑,导致客户在营业厅内滑倒。

1.8.3　建议处理方式

应及时通知相关人员,铺设防滑垫,摆放小心跌滑指示牌;遇到老弱病残应主动搀扶。如遇到下雨天气,客户进入营业厅时,应及时提醒客户将雨伞放在指定地点。

1.8.4　参考话术

您好!雨天路滑,请您注意安全。您好!请您将雨伞放在这边。

1.9 交费高峰时,客户排队量激增

1.9.1 常见不当处理方式

营业厅排队交费客户较多,引导员对排队客户置之不理,任由客户抱怨。

1.9.2 主要风险点

客户情绪激动抱怨时,工作人员的漠视更会加重客户的不满情绪,造成矛盾激化。

1.9.3 建议处理方式

营业厅值班管理人员及时维持秩序,提醒客户不要拥挤,按排队顺序办理业务;可安排排队靠后的客户到休息区等待;如有备用柜台,立即启用。

1.9.4 参考话术

对不起,目前缴费(业务办理)客户较多,请大家至休息区稍等或采用自助服务设备,谢谢合作!

1.10 营业厅保安工作

1.10.1 常见不当处理方式

(1)临近下班时间,以营业厅已经结束营业为由,拒绝客户进入营业厅。

(2)客户到营业厅办理业务,因为停车问题,与营业厅保安发生争执。

(3)客户到营业厅办理业务,进门时咨询保安,保安不予引导。

1.10.2 主要风险点

虽然保安不是营业厅服务人员,但是客户与营业厅保安发生争执或保安不正确引导客户,会导致营业厅被投诉。

1.10.3 建议处理方式

(1)如遇客户临近下班时来办理业务,应正常接待客户。

(2)客户来营业厅办理业务,需要在营业厅外停车时,应与客户耐心解释,并帮助客户协调停车位。

(3)对来营业厅办理业务的客户,提出咨询时,如不能解答,应及

时引导至营业厅引导员处。

1.10.4 参考话术

(1)请您至××号柜台办理业务。

(2)您好！这是人行通道,请您将车辆停放到指定位置,感谢您的配合!

(3)您好！这位是营业厅引导员,请她来帮您联系处理。

2. 收费员

2.1 客户在营业厅交纳电费

2.1.1 常见不当处理方式

(1)未询问并核对客户信息。

(2)未询问客户交费方式是现金还是刷卡。

(3)收费时,未唱收唱付。

2.1.2 主要风险点

未核对客户信息,导致客户交错费;未问清楚客户交费方式,导致收费时,做冲正处理;未唱收唱付,导致客户对找零金额不认可,客户离开柜台后,因找错钱而重返收费柜台。

2.1.3 建议处理方式

询问并核对客户信息;告知客户电费金额;引导客户采用线上交费方式,收费时做到唱收唱付。

2.1.4 参考话术

您的户名是××,您××月的电费是××元。请问您是交现金还是刷卡呢?收您××元,您的电费是××元,找您××元;这是您的发票和找零,请您收好。

2.2 客户记不清户号且未带交费卡

2.2.1 常见不当处理方式

以工作繁忙为由,拒绝为客户查询户号;查询后,未仔细核对客户信息或核对交费金额。

2.2.2 主要风险点

未按客户要求提供客户信息查询服务,引发客户不满。未仔细核对客户信息,导致客户交错电费。

2.2.3 建议处理方式

请客户提供户名或地址,对查询到的信息应反复与客户核对,确保交费信息准确。

2.2.4 参考话术

请问您的户名、用电地址和联系电话是多少? 为了保证您的电费能正确交纳,我再向您核实一下,您还记得上个月大概的交费金额吗?

2.3 找钱时缺少零钱

2.3.1 常见不当处理方式

(1)告知客户暂时没有零钱,未及时向客户致歉。

(2)发现没有零钱时,未及时请求值班管理人员备齐零钱,并请客户稍等。

2.3.2 主要风险点

因收费人员没有零钱,客户又不愿意将找零预存,导致客户交费不成功。

2.3.3 建议处理方式

向客户表示歉意,并询问客户有无零钱。收费人员零钱不足时,及时请求值班管理人员备齐零钱,并请客户稍等。

2.3.4 参考话术

非常抱歉! 现在没有零钱找您,请问您有××元吗?

您好! 很抱歉,我这暂时没有零钱,我马上去调换一下,请您稍等。

您好! 很抱歉,没有零钱,您能稍等一会儿吗? 有零钱时我马上找给您。

2.4 收到假币或对客户的纸币有疑问

2.4.1 常见不当处理方式

未礼貌地将钱递回给客户,而是告诉客户是假币。

2.4.2 主要风险点

对客户钱币有疑问,未委婉向客户说明,未考虑客户感受,让客户在其他客户面前感觉难堪。

2.4.3 建议处理方式

应礼貌地将钱递回给客户,轻声要求客户更换,并暗示他退钱的原因。不可直接告之假币,使客户难堪。

2.4.4 参考话术

先生(女士),麻烦您另换一张好吗?

2.5 客户对电费违约金有异议

2.5.1 常见不当处理方式

未耐心向客户解释电费违约金产生的原因和计算方法,解释清楚电费违约金产生的依据;未引导并帮助客户订阅电力短信,避免出现欠费停电。

2.5.1 主要风险点

让客户对电费违约金的收取产生疑问,误认为供电企业乱收费。

2.5.2 建议处理方式

耐心向客户解释电费违约金产生的原因和计算方法,解释清楚电费违约金产生的依据。

引导并帮助客户订阅电力短信,避免出现欠费停电。

2.5.3 参考话术

您好! 您的××电费违约金是这样的,……

麻烦您留下手机号码,我们可为您办理免费的短信提醒业务,这样下次电费出账后,您就可及时得到提醒。

2.6 换增值税发票

2.6.1 常见不当处理方式

(1)未告知客户换取增值税发票需要的证件。

(2)营业厅增值税发票已用完,未及时增补。

2.6.2 主要风险点

未告知清楚客户所需要携带的资料或增值税发票用完未及时增

补,导致客户重复往返。

2.6.3 建议处理方式

(1)告知客户需要的证件。

(2)告知客户需出具有效证件才能打印。

(3)发现增值税发票用完后,及时去税务部门领取。

2.6.4 参考话术

您好!请您提供您的税务登记证副本原件(国税)、电费发票原件和变动申请,好吗?

对不起,您提供的××证件无法办理换增值税发票手续。按规定您必须提供有效的证件,才能办理换增值税发票手续。

对不起,增值税票据已经用完,我们的工作人员已去领取,请您留下您的联系电话,我们稍后主动与您联系,为您办理。

2.7 客户索要账单时

2.7.1 常见不当处理方式

不为客户打印账单。

2.7.2 主要风险点

不为客户打印账单,导致客户投诉。

2.7.3 建议处理方式

询问客户需要打印的账单时间;为客户提供账单打印服务。

2.7.4 参考话术

您好!这是您的电费账单,请收好。

3. 业务受理员

3.1 一位客户办理业务,无其他客户排队

3.1.1 常见不当处理方式

客户走近柜台时,未起身相迎,礼貌示坐。未使用礼貌用语问候客户。

客户在柜台办理业务,态度冷漠。

3.1.2 主要风险点

因服务态度冷漠,而导致客户不满。

3.1.3 建议处理方式

客户走近柜台前 2 米范围内时,面迎客户,微笑示意;客户走近 1 米范围时,应起身相迎,礼貌示坐,待客户落座后方可坐下;使用礼貌用语问候客户。

3.1.4 参考话术

您好!您请坐,请问您需要办理什么业务?

3.2 客户排队办理业务

3.2.1 常见不当处理方式

对排队等待的客户,未及时安抚。

3.2.2 主要风险点

未主动招呼客户,人数较多时,客户因排队等待时间长而产生不满情绪。

3.2.3 建议处理方式

遵守先接先办原则,优先完成正在受理的客户业务办理;运用办一安二招呼三方法,安抚排队客户。

3.2.4 参考话术

主动招呼下一位客户:您好!请您稍等,办理完这位客户业务后,我马上为您服务。

3.3 客户来到柜台前,业务受理人员正在处理内部事务

3.3.1 常见不当处理方式

有客户来办理业务时,未立即停办内部事务,马上接待客户。

3.3.2 主要风险点

对前来办理业务的客户视而不见。

3.3.3 建议处理方式

遵守先外后内原则,当有客户来办理业务时,应当立即停办内部事务,马上接待客户。

3.3.4　参考话术

您好！您请坐，请问您需要办理什么业务？

3.4　高峰期客户等待较长时间

3.4.1　常见不当处理方式

对等待较长时间的客户，未安抚和致歉。

3.4.2　主要风险点

客户等待时间较长，导致不满。

3.4.3　建议处理方式

应礼貌地向客户致歉；主动递上水杯，招呼客户。

3.4.5　参考话术

对不起，让您久等了！

3.5　遇到特殊情况需暂时停止办理业务

3.5.1　常见不当处理方式

未列示暂停服务标牌，柜台直接空岗。

3.5.2　主要风险点

营业人员未列示暂停服务标牌，也未向客户说明原因，导致客户不满。

3.5.3　建议处理方式

若特殊情况需空岗时，应出示暂停服务标牌，请客户到其他柜台办理，并致歉。

3.5.4　参考话术

对不起，我们正在×××，请您至××柜台办理，谢谢配合！

3.6　未轮到办理的客户着急办理，或抱怨太慢

3.6.1　常见不当处理方式

办理业务速度较慢。

3.6.2　主要风险点

办理业务超过规定的时间（20分钟），导致后面的客户排队等待

时间太长。

3.6.3　建议处理方式

表示歉意,请客户谅解,并礼貌提醒其耐心等候;告诉客户会加快业务处理速度。

3.6.4　参考话术

对不起,让您久等了。

抱歉,请您在一米线外稍等。

您好! 我会加快办理,请您稍等。

3.7　所办理的业务一时难以答复客户

3.7.1　常见不当处理方式

对客户办理业务的咨询拿不准时,随意答复客户。

3.7.2　主要风险点

因业务不熟练,答复错误。

3.7.3　建议处理方式

表示歉意,并礼貌告知客户立即协调办理;根据情况请求客户留下电话,并尽快回复。

3.7.4　参考话术

对不起,请您稍候,我马上……

请您留下联系方式,我会尽快答复您。

对不起! 这个问题我暂时无法回答。您看这样可以吗？我先把您的问题记录下来,待上报确定后,再电话与您联系给您答复?

3.8　受到客户批评时

3.8.1　常见不当处理方式

当供电企业有过错时,对客户的批评不予理睬。

3.8.2　主要风险点

不虚心接受客户批评,而被客户投诉。

3.8.3　建议处理方式

客户反映问题确属供电企业责任应首先致歉,取得客户谅解,快速为客户解决。若属客户不合理要求,应及时汇报上级领导,并将客户带离营业厅进一步处理。如属客户的过错或误会,应在适当的时机作耐心解释,争取客户的理解。

3.8.4 参考话术

对不起,这是我们工作的疏忽,给您带来不便,请您谅解!

对不起,由于××原因,我马上为您更正,给您带来不便,请您谅解!

3.9 下班时仍有等候办理业务的客户

3.9.1 常见不当处理方式

以已下班为理由,拒绝为客户服务。

3.9.2 主要风险点

未耐心为等候客户办理业务而直接下班,导致客户不满。

3.9.3 建议处理方式

耐心为等候办理业务的客户办理完毕后再下班。

3.9.4 参考话术

您好!虽然我们现在已经下班了,但是我们一样会帮您办理此项业务,请您不用担心。

3.10 客户的要求与政策法规及本企业制度相悖

3.10.1 常见不当处理方式

客户固执己见无法接受解释时,没有专人做好解释工作。对客户的要求置之不理。

3.10.2 主要风险点

未耐心做好解释工作,而与客户发生争执。

3.10.3 建议处理方式

客户固执己见无法接受解释时,可由专人接待并做好进一步解释工作。

3.10.4 参考话术

对不起,我们公司尚未开展此项服务,暂无法满足您的要求,请谅解。

3.11 客户之间发生矛盾

3.11.1 常见不当处理方式

对在营业厅发生的客户之间的矛盾不管不问。

3.11.2 主要风险点

对客户在营业厅发生矛盾不予制止,导致矛盾激化。

3.11.3 建议处理方式

及时进行劝解;矛盾激烈及时通知保安上前劝解;劝说无效时应及时通知管理人员,带离营业厅进一步处理。如果事态难以控制,应立即报告安保部门,并联系当地公安机关处理。

3.11.4 参考话术

您好!这里是供电营业厅,请你们不要在此争吵,有什么问题请到＊＊解决(将客户分别带离现场、换地点、换空间),您需要办理什么业务,我们将为您提供服务。

3.12 客户提出查询电量电费

3.12.1 常见不当处理方式

未向客户说明无法查询的原因,直接拒绝为客户查询。

3.12.2 主要风险点

如果客户忘记户号或者未带电费卡和身份证时,拒绝为客户查询,导致客户不满。

3.12.3 建议处理方式

礼貌要求客户提供相关客户信息,户号或电费卡。如果客户忘记户号或者未带电费卡,则请客户出示身份证,并询问客户用电地址。如果客户无任何证件证明身份,需向客户说明无法查询的原因,并告知客户办理查询业务需要提供客户户号、电费卡或者身份证。若发现客户查询时为欠费状态,应告知客户欠费情况并提醒客户尽快交费。

3.12.4 参考话术

请问您的用电地址是哪里?

对不起,我们需要确认您的身份才能查询,请问您带身份证了吗?

对不起,如果您不能提供身份证,我们无法为您查询,请您下次携带客户号或电费卡或者身份证来查询,好吗?

3.13 客户提出查询业务流程进度

3.13.1 常见不当处理方式

以各种理由,拒绝为客户查询流程进度。

3.13.2 主要风险点

不帮客户查询流程进度,让客户对业务进展不了解,存在推诿。

3.13.3 建议处理方式

首先询问客户号,核对客户姓名和业务类型。当查询条件满足时,根据客户提供信息,从营销系统中查出相应信息,并告知客户,争取客户理解。

3.13.4 参考话术

您好!您所办业务目前的进展情况是这样的……,您清楚了吗?

3.14 客户办理业务

3.14.1 常见不当处理方式

对客户来办理业务时,未向客户简单说明业务流程并提供告知书。

3.14.2 主要风险点

未一次性告知所需提供的相关资料、证件、办理的基本流程、相关的收费项目和标准,并提供业务咨询和投诉电话,有可能导致客户去办理业务时重复往返。

3.14.3 建议处理方式

主动向客户一次性告知所需提供的相关资料、证件、办理的基本流程、相关的收费项目和标准,并提供业务咨询和投诉电话,实现业务一次办理;礼貌将相关表格、资料提交给客户。

3.14.4 参考话术

您好!这里有业务办理须知,您可以参考一下,有不明白的地方,我再重点向您说明,好吗?

3.15 客户资料不合格

3.15.1 常见不当处理方式

对客户填写的资料,客户资料的完整性和客户资料的有效期未严格把关审核。

3.15.2 主要风险点

未仔细审核客户资料,导致客户办理业务被耽搁。

3.15.3 建议处理方式

非有效证件或证件过期,应告知客户,指出需带有效证件办理。资料填写不正确,应主动提醒客户修改。资料不完整,应明确告知客户缺少的资料。

3.15.4 参考话术

您好! 对不起,您填写的登记表与××资料不一致,请您核对一下再重新填写,好吗?

对不起,您提供的资料不完整,按规定您还需提供……

对不起,您提供的××证件无效(或过期),无法办理用电申请手续。按规定您必须提供有效的证件,才能办理用电申请手续。

3.16 不符合办理业务条件

3.16.1 常见不当处理方式

未向客户说明原因,直接拒绝给客户办理业务。

3.16.2 主要风险点

因客户欠费、公司原因或其他原因无法办理时,未向客户说明原因,导致客户不理解。

3.16.3 建议处理方式

客户欠费:确认客户是否存在欠费行为,如有则向其解释说明须结清欠费后才能受理其申请。

公司原因无法办理:向客户致歉,解释无法办理原因,取得客户谅解,并留下客户电话以备下次通知办理。

其他原因无法办理:仔细解释无法办理原因,并指导客户如何达到办理条件。

3.16.4 参考话术

您好！对不起，您还有××费用尚未结清，暂时无法办理，请您结清后再来办理好吗？

很抱歉，因为××暂时无法办理，请留下您的联系电话，我们将电话通知您前来办理。

对不起，您办理的××业务因……原因暂时无法办理，您可以……，然后再来办理。

3.17 客户指责受理人员态度不好

3.17.1 常见不当处理方式

受理人员在接待客户时，态度不好。

3.17.2 主要风险点

客户因受理人员的态度，表示不满，受理人员未及时道歉，且营业厅值班负责人未及时发现并化解客户矛盾。

3.17.3 建议处理方式：

应向客户表示歉意，并请客户谅解；了解具体不满的原因；认真记录客户的投诉内容，联系值班负责人或值班经理处理。

3.17.4 参考话术

（值班负责人或值班经理）对不起，由于我们服务不周给您添麻烦了，请您原谅，您是否能将详细情况告诉我？

3.18 客户所办业务不属于自己的职责时

3.18.1 常见不当处理方式

直接告知客户不属于自己负责或者直接让客户找其他人办理。

3.18.2 主要风险点

未向客户说明，直接推诿，引发客户不满。

3.18.3 建议处理方式

耐心向客户解释说明所办业务不在工作职责内，并引导客户到相应柜台办理。

3.18.4 参考话术

对不起,您的事情请到××处找××同志,请往这边走。

(二)引导员行为规范与应答示范

1. 门口迎宾典型情景

服务情景	服务行为规范	服务应答示范	注意事项
(1)客户走进营业厅	● 客户走进3米范围时,保持微笑,目迎客户;当客户走进2米范围时,若引导员在引导台内,行15度鞠躬礼;若引导员在引导台外时,主动前跨一到两步,行15度鞠躬礼,向客户问好。	您好!请问有什么可以帮您?	标准站势使用鞠躬礼微笑应自然得体。
	● 遇到重要节日时,使用节日问候语。	×××节日快乐!请问有什么可以帮助您?	
(2)同时来了多位客户	● 同时行礼问候,不必一一行礼。		
(3)阴雨天带伞客户上门	● 应主动提示客户使用雨伞桶,避免厅内雨水过多而污渍、脏乱。	您好!请您将雨伞放在雨伞桶里,谢谢配合。	指示礼。

2. 分流导办典型情景

服务情景	服务行为规范	服务应答示范	注意事项
(1)客户告知办理某项业务时	● 营业厅配置自助取号机的,应主动引导客户取号,并指引客户到休息区等候; ● 当客户咨询办理相关业务时,应主动引导到相应柜台办理。	请选择您要办理的业务,取号后请您到休息区稍候,谢谢!	主动询问客户需求;言语表达清晰、温和而亲切;
	● 如果营业厅无排队叫号业务; ● 应主动引导客户至相应柜台; ● 办理业务客户较多时引导客户分流等候。	您好!您要办理的××业务在××柜台办理。请您到××柜台去办理。您这边请!	使用指示礼和引导礼。

（续表）

服务情景	服务行为规范	服务应答示范	注意事项
（2）客户查询可通过自助终端完成时	● 主动引导客户至自助查询终端处查询，必要时给予查询服务指导。	您好！您可以通过触摸屏幕来查看，有不明白的地方，我给您解释。	使用指示礼。
（3）等候客户过多	● 主动协助做好客户情绪安抚工作，做好客户分流工作并维持营业秩序。	对不起！今天办理业务的客户较多，如您需缴纳电费可通过营业厅自助缴费机，也可扫描我公司的微信公众号进行微信支付或通过支付宝、掌上电力、电 e 宝多种缴费方式。如您需业务办理，请您至休息区稍等，我们准备了报纸杂志，您可以边看边等，谢谢！	使用指示礼。
（4）客户不办理业务而停留过久	● 主动上前询问提供帮助，并引导客户说明来意和需求。	您好！请问有什么能帮您？	将情况立即报告值班经理或上级主管。
（5）客户使用方言，无法听清或难以听懂	● 请求客户讲普通话； ● 要求客户重复，并确认； ● 请求能听懂客户语言的服务人员协助。	您好！很抱歉，您说的我没能听清楚，请您说普通话可以吗？ 您好！很抱歉，您说的我没能听清楚，请您再重复一遍可以吗？ 您说的是……，对吗？	
（6）客户进错门	● 应致歉并告知客户此业务不在供电服务范围内，指引客户到相关负责部门进行处理。	您好！这里是供电营业厅，您的业务请到××咨询办理。	

（续表）

服务情景	服务行为规范	服务应答示范	注意事项
（7）营业厅内有客户滞留睡觉、休息、闲聊等	● 礼貌提醒，了解客户情况，关注客户是否有其他需求，主动提供帮助； ● 当客户属于消磨时间型的，可耐心劝其离开。	您好！很抱歉，请问您需要办理什么业务吗？ 为了保证营业厅内工作有序开展，如您无其他业务需要办理，请您不要长时间滞留营业厅，感谢您的支持和配合！	
（8）客户在营业厅吸烟	● 礼貌提醒营业厅是无烟区。	您好！这里是无烟区，请您把烟熄灭好吗？感谢您的配合！	指示悬挂的禁止吸烟指示牌。
（9）客户办理完业务离开营业厅	● 客户办理完业务离开营业厅，应面带微笑、目光迎视，用热情的声音感谢客户的光临。	感谢您的光临，再见！	如遇下雨、下雪等恶劣天气，应友情提醒客户雨天路滑，注意安全。

3. 咨询协办典型情景

服务情景	服务行为规范	服务应答示范	注意事项
（1）客户直接咨询某项业务时	清楚准确回答客户咨询： ● 准确、迅速地分析客户的需求； ● 针对具体的业务办理流程和手续，对客户进行通俗易懂的讲解和说明。	您好！您咨询的问题是这样的……　您需要携带……到营业厅办理。	面带微笑；专注聆听；语气温和；勿流露出不耐烦的表情。
	无法清楚准确回答客户咨询： ● 引导客户到相应柜台进行咨询。 需要事后才能回复： ● 做好记录，请客户留下联络电话，并在约定时间回复客户。	您好！您咨询的××业务在××柜台受理，您这边请！ 对不起，您的问题我们需要和相关部门询问后才能答复，请您留下联系电话，我们稍后答复您。	

（续表）

服务情景	服务行为规范	服务应答示范	注意事项
（2）客户不会使用自助服务设施或线上业务查询、办理等	● 应主动上前询问，并耐心细致讲解自助服务设施使用方法，线上业务查询、办理流程。	您好！请问有什么可以帮您？您好！需要我给您做个示范吗？	
（3）客户不会填写申请表单	● 引领客户到 VIP 洽谈室或 VIP 柜台； ● 为客户倒水，双手递送，快速衔接客户所需办理业务。	您好！您咨询的××业务在××柜台受理，您这边请！ 这是书写样本，您可参照填写。请在客户名称旁填写您的客户名……	按照客户需要办理的业务选择相应的书写示范样本进行引导。
（4）回答完客户咨询时	● 向客户征询确认，确保客户能够理解。	请问我的解释您能听清楚了吗？ 您好！请问我的解释您满意吗？	
（5）重要客户咨询业务	● 引领客户到 VIP 洽谈室或 VIP 柜台； ● 为客户倒水，双手递送，快速衔接客户所需办理业务。	您好！您咨询的××业务在××柜台受理，您这边请！或为客户提供专属客户经理进行一对一服务。	使用引导礼。

4. 关爱服务典型情景

服务情景	服务行为规范	服务应答示范	注意事项
（1）老弱病残孕客户	● 主动上前帮扶、询问，并根据客户的具体需要，协助办理相关业务； ● 业务结束后留下客户联系电话或地址，视具体情况请示领导是否需要提供上门服务。	您好！请问有什么可以帮您，不方便的话，我来帮您办理。	提供服务前应征得客户同意。

（续表）

服务情景	服务行为规范	服务应答示范	注意事项
(1)老弱病残孕客户	● 对听力不好的客户,应适当提高音量,放慢语速。		对聋哑等特殊客户必要时可采取手语或书写的方式提供服务。
(2)带小孩来营业厅客户	● 主动上前询问是否需要帮助; ● 应特别提醒注意安全。	您好!请问有什么可以帮您? 您好!请您及时提醒您的孩子注意安全。	
(3)客户手持重物	● 主动上前帮助客户拎取重物并引导至相关柜台。	您好!请问有什么可以帮您?我来帮您拎吧。	
(4)雨雪天路滑	● 应及时通知相关人员,铺设防滑垫,摆放小心跌滑指示牌; ● 遇到老弱病残应主动搀扶。	您好!雨天路滑,请您注意安全。	
(5)客户需使用便民设施时	● 主动告知客户,并协助其使用。	您好!这边有××,请放心使用。 您好!我们为您提供了××,您这边请。	使用指示礼和引导礼。

5. 门口送客典型情景

服务情景	服务行为规范	服务应答示范	注意事项
(1)普通客户离开营业厅	● 面带微笑,点头欠身恭送客户。	您慢走,再见!	

（续表）

服务情景	服务行为规范	服务应答示范	注意事项
（2）投诉客户离开营业厅	● 礼貌地送客户至营业厅门口,使用规范用语。对提供合理意见的客户,应感谢客户提供宝贵意见。	谢谢您的宝贵意见,您请慢走!	
（3）残疾人或行动不便的客户离开营业厅	● 主动提供帮助。	您慢走,再见!	
（4）大客户离开营业厅	● 应当协助提醒其司机做好准备,并将客户送上车。	您慢走,再见!	
（5）雨雪天客户离开	客户自带雨伞: ● 主动提醒客户取走雨伞。	您好! 请带好您的雨伞。	
	公司提供便民伞: ● 主动告知客户,可以使用便民伞。	您好! 营业厅提供有雨伞,您可以……	

（三）收费员服务行为规范及服务应答示范

服务情景	服务行为规范	服务应答示范	注意事项
（1）客户缴纳电费	● 询问并核对客户信息; ● 把客户电费金额情况告知客户; ● 并询问客户是否交现金。	您的户名是××,××月的电费是××元,您××月的电费是××元。 请问您是交现金还是××呢?	
（2）收到客户电费	● 在收取客户电费时应唱收唱付; ● 打印出客户所需的单据发票。	收您××元,您的电费是××元,找您××元; 这是您的发票和找零,请您收好。	

服务情景	服务行为规范	服务应答示范	注意事项
(3)客户记不清户号	● 请客户提供户名或地址，对查询到的信息应反复与客户核对，确保交费信息准确。	请问您的户名和用电地址是多少？	准确验证户名、地址一致性。
(4)找钱时缺少零钱	● 向客户表示歉意，并询问客户有无零钱； ● 客户无零钱则请求值班管理人员换零钱，并请客户稍等。	非常抱歉！现在没有零钱找，请问您有××元吗？ 您好！很抱歉，没有零钱，我马上去调换一下。 您好！很抱歉，没有零钱，您能稍等一会儿吗？有零钱时我马上找给您。	
(5)收到假币或对客户的纸币有疑问	● 应礼貌地将钱递回给客户，轻声要求客户更换，并暗示他退钱的原因。	先生，麻烦您另换一张好吗？	不可直接告之假币，使客户难堪。
(6)客户对电费违约金有异议	● 耐心向客户解释电费违约金产生的原因和计算方法，解释清楚电费违约金产生的依据； ● 建议其订阅催费短信，避免出现欠费停电。	您好！您的××电费违约金是这样的，…… 麻烦您留下手机号码，我们可为您办理免费的短信提醒业务，这样下次电费出账后，您就可及时得到提醒。	
(7)换增值税发票	● 告知客户需要的证件。	您好！请您提供您的税务登记证副本原件（国税）、电费发票原件、变动申请，好吗？	
(8)客户换增值税发票的证件不合格	● 告知客户不是有效证件，请客户出具有效证件才能打印。	对不起，您提供的××证件无法办理换增值税发票手续。按规定您必须提供有效的证件，才能办理换增值税发票手续。 对不起，您的证件已经过了有效期，您能提供在有效期内的证件吗？	

（续表）

服务情景	服务行为规范	服务应答示范	注意事项
(9)电脑显示户名与客户提供的户名不符	● 先检查自己是否输错号码，如果是则向客户致歉并重新输入； ● 如果没输错则询问客户是否记错号码，重新输入直至户名核对无误为止。	对不起，请您把客户号再报一遍，好吗？ 请问您的户名是××，用电地址是××，对吗？	不可埋怨客户。
(10)客户索要账单时	● 具体询问客户需要打印的账单时间； ● 为客户打印账单。	您好！请问您要打印几月份账单？ 您好！这是您的电费账单，请收好。	
(11)客户咨询电费等业务	● 耐心倾听，考虑收费业务办理时间每件不得超过5分钟，可帮助客户引导至业务受理，请专人予以解答。	您好！您咨询的问题我请专业人员给您进一步解答。	指定人员与客户对接并进一步处理。

注：电费收取应遵循让客户一次都不跑原则，并积极推行国网安徽电力微信公众号、掌上电力、电E宝等线上渠道。改变传统营业厅服务模式，提高工作效率和服务效率。

（四）业务受理员服务行为规范及服务应答示范

1. 柜台接待典型情景

服务情景	服务行为规范	服务应答示范	注意事项
(1)一位客户办理业务，无其他客户排队	● 客户走近柜台前2米范围内时，面迎客户，微笑示意； ● 客户走近1米范围时，应起身相迎，礼貌示坐，待客户落座后方可坐下； ● 使用礼貌用语问候客户。	您好！您请坐，请问您需要办理什么业务？	

（续表）

服务情景	服务行为规范	服务应答示范	注意事项
（2）客户排队办理业务	● 遵守先接先办原则，优先完成正在受理的客户业务办理； ● 运用办一安二招呼三方法，安抚排队客户。	主动招呼下一位客户：您好！请您稍等，办理完这位客户业务后，我马上为您服务。	
（3）客户来到柜台前，业务受理人员正在处理内部事务	● 遵守先外后内原则，当有客户来办理业务时，应当立即停办内部事务，马上接待客户。	您好！您请坐，请问您需要办理什么业务？	
（4）高峰期客户等待较长时间	● 应礼貌地向客户致歉； ● 主动递上水杯，招呼客户。	对不起，让您久等了！	
（5）客户排队量激增，交费高峰时	● 引导员及时维持秩序，提醒客户不要拥挤，引导客户有序办理业务； ● 可引导排队靠后的客户到休息区等待； ● 立即启用高峰时段应急措施，启用备岗。	对不起，目前，缴费（业务办理）客户较多，请大家至休息区稍等或采用自助服务设备，谢谢合作！	常见不正当处理方式：置之不理，任由客户抱怨。 风险点：客户情绪激动抱怨时，工作人员的漠视更会加重客户的不满情绪，造成矛盾激化。 建议处理方式：迅速反应，及时引导分流，启动应急措施，增加人员或引导客户采用自助服务设备办理。

服务情景	服务行为规范	服务应答示范	注意事项
（8）客户在重大节假日来营业厅办理业务	● 使用节日问候语。	××节日快乐，请问有什么可以帮您？	
（9）接待老弱病残孕等特殊客户	● 主动提供需要的帮助； ● 业务结束后留下客户联系电话或地址，视情况请示领导是否提供上门服务； ● 对听力不好的客户，应适当提高音量，放慢语速； ● 针对聋哑人则使用手语，请求会手语服务人员协助，或者通过书面交流。	您好！请问有什么可以帮您，不方便的话，我来帮您办理。	提供服务前应征得其同意。
（10）客户使用方言，无法听清或难以听懂	● 请求客户讲普通话； ● 要求客户重复，并确认； ● 请求能听懂客户语言的服务人员协助。	您好！很抱歉，您说的我没能听清楚，请您说普通话可以吗？ 您好！很抱歉，您说的我没能听清楚，请再重复一遍可以吗？ 您说的是……，对吗？	

2. 柜台受理典型情景

服务情景	服务行为规范	服务应答示范	注意事项
（1）接到同一客户较多业务	● 主动帮助客户分出轻重缓急，合理安排办理顺序，缩短办事时间。	您好！您同时办理的有……业务，建议您先办理……后办理……，以便节约您的时间。	
（2）需暂时离开柜台	● 礼貌致歉，征得客户同意再离开。	对不起，我去……，请您稍等片刻，谢谢！	
（3）离开柜台返回	● 礼貌致歉。	对不起，让您久等了！	

服务情景	服务行为规范	服务应答示范	注意事项
（4）遇到特殊情况需暂时停止办理业务	● 若特殊情况需空岗时，应出示暂停服务，请客户到其他柜台办理，并致歉； ● 列示暂停服务标牌。	对不起，我们正在××××，请你至××柜台办理，谢谢配合！	需征得值班经理同意并安排其他工作人员引导办理。
（5）未能听懂客户意思	● 礼貌请客户重复，并确认； ● 客户讲方言、英语等可礼貌请求客户讲普通话，如果客户不能讲普通话则请求其他会该语言的服务人员协助办理。	您好！很抱歉，您说的我没能听清楚，能请您说普通话吗？ 您好！很抱歉，您说的我没能听清楚，能再重复一遍吗？ 您说的是……，对吗？	
（6）客户久等时	● 表示歉意，并立即帮客户办理业务。	对不起，让您久等了，请问您要办理什么业务？	
（7）未轮到办理的客户着急办理，或抱怨太慢	● 表示歉意，请客户谅解，并礼貌提醒其耐心等候； ● 告诉客户会加快业务处理速度。	对不起，让您久等了。 抱歉，请您在一米线外稍等。 您好！我会加快办理，请您稍等。	遇客户情绪激动，引导员或值班经理应引导客户至 VIP 室或视情况为客户提供绿色通道办理。
（8）所办理的业务一时难以答复客户	● 表示歉意，并礼貌告知立即协调办理； ● 据情况请求客户留电话，并尽快回复。	对不起，请您稍等，我马上…… 请您留下联系方式，我会尽快答复您。 对不起！这个问题我暂时无法回答，您看这样可以吗？我先把您的问题记录下来，待上报确定后，再电话与您联系给您答复。	

（续表）

服务情景	服务行为规范	服务应答示范	注意事项
（9）客户批评时	● 属于我们的问题,应立即诚恳表示歉意,并马上纠正。	对不起,这是我们工作的疏忽,给您带来不便,请您谅解!	客户反映问题确属供电企业责任时,应首先致歉,取得客户谅解,快速为客户解决。若属客户不合理要求,应及时汇报上级领导,带离营业厅进一步处理。
	● 如属客户的过错或误会,应在适当的时机作耐心解释,争取客户的理解。	对不起,由于××原因,我马上为您更正,给您带来不便,请您谅解!	
	● 客户故意刁难,可请上级协助处理,或将客户带离柜台。	您好! 这是我们主管,您反映的问题将请他进一步为您处理,这边请。	
（10）客户对供电服务提出建议与意见	● 首先感谢客户的关心与支持; ● 耐心地听取,认真地记录,针对客户的疑问进行解释; ● 最后对客户再次表示感谢。	您提的意见我们一定慎重考虑,有利于改进我们工作的,我们一定虚心接受,欢迎您多提宝贵意见。	应以诚相待。
（11）客户对服务满意表示感谢	● 礼貌应对。	不客气,很高兴为您服务! 谢谢您的夸奖!	
（12）客户对业务受理人员的服务或解释有疑问	● 应向客户征询确认,争取客户能够理解。	您好! 请问我的解释您听清楚了吗? 还有其他需要我为您解答的问题吗?	
（13）客户问题一时难以解决,可能影响其他客户办理业务	● 礼貌致歉,将客户带离柜台; ● 请求值班管理人员或其他人协助处理。	请您稍等,这是我们主管,您反映的问题将由他进一步为您处理,谢谢您的配合。	

（续表）

服务情景	服务行为规范	服务应答示范	注意事项
（14）下班时仍有等候办理业务的客户	● 耐心为等候办理业务的客户办理完毕后再下班。	您好！虽然我们现在已经下班了，但是我们一样会帮您办理此项业务，请您不用担心。	
（15）客户向业务受理人员咨询供电服务范围以外的业务	● 应致歉并告知客户此业务不在供电服务范围内，指引客户到相关负责部门进行处理。	您好！这里是供电营业厅，您咨询的问题请到××咨询。	
（16）客户的要求与政策法规及本企业的制度相悖	● 客户固执己见无法接受解释时，可由专人接待并做好进一步解释工作。	对不起，我们公司尚未开展此项服务，暂无法满足您的要求，请谅解。	不得与客户发生争执。若属客户情绪激动，应及时汇报上级领导，带离营业厅进一步处理
（17）客户之间发生矛盾	● 及时进行劝解； ● 矛盾激烈时应及时通知保安上前劝解； ● 劝说无效时应及时通知管理人员。		及时汇报上级领导，带离营业厅进一步处理

3. 柜台送客典型情景

服务情景	服务行为规范	服务应答示范	注意事项
（1）客户业务办理完成前	● 请客户核实相关资料准确性，确认没有问题时，将证件和留给客户的资料双手递给客户，嘱咐客户收好。	您好！这是您的资料，请您收好，谢谢！	主动指导客户下一步该做什么。
	● 若客户业务还需进一步办理其他手续，应主动提醒客户下一个环节或提醒客户应做好哪些方面的准备。	您好！您还需进一步办理×××手续，请您准备好×××，稍后会有工作人员与您联系，请您保持电话畅通。	

服务情景	服务行为规范	服务应答示范	注意事项
（2）客户业务办理完成前	● 告知客户业务已办理完毕，主动询问客户是否还有其他需求。	您的业务已经受理完毕，请问还有什么需要我帮助的吗？	
	● 若柜台设有服务评价器时，工作人员还应主动邀请客户对服务工作进行评价。	您好！请对本次服务进行评价，谢谢！	
（3）客户离开柜台前	无客户排队： ● 应起身鞠躬，微笑与客户告别。	谢谢您！您请慢走，再见！	将业务受理单据及时传送到下一环节，并迅速整理好客户资料，迎接下一位客户。
	有客户排队： ● 使用点头礼，微笑与客户致谢告别，并向下一位客户问好。	谢谢您！请您慢走！	

4. 咨询查询受理典型情景

服务情景	服务行为规范	服务应答示范	注意事项
（1）客户提出咨询查询需求	● 认真倾听、详细记录并确认客户的咨询查询内容。不随意打断客户讲话，不做其他无关的事情。	倾听过程中以"是""嗯"等回应客户，以示专注。	
	● 当未能听明白客户需求时，应礼貌请求客户再重点谈谈其需求，并致谢。	您好！对不起，我没能听清！请您将您的需求再说一遍，可以吗？	
	● 对客户描述的内容，待客户说明完其需求后，应确认客户需求。	您好！请问您反映的问题是……，对吗？	重复客户的需求并确认
	● 正确理解客户咨询内容后，方可按相关规定提供答复，引导客户到相关服务柜台或者引导客户使用自助服务设施。		

（续表）

服务情景	服务行为规范	服务应答示范	注意事项
（2）客户咨询用电业务办理、供电法律法规	● 提供相关宣传单； ● 提供相关办理注意事项和需要资料清单。	您好！这是业务办理指南，您可以先了解一下，有不明白的地方，可随时咨询我。	
	● 可引导客户使用自助查询终端。	您好！您可以使用自助查询终端来了解××业务办理的手续，您这边请！	使用指示礼。
	● 耐心、细致地答复，答复完毕，应主动检验客户的理解，直至客户满意。 ● 主动询问客户是否还有其他需求。	您好！请问我的解释您听清楚了吗？还有其他需要我为您解答的问题吗？	
（3）客户停电咨询	● 应首先向客户了解停电范围、停电时间及相关信息，在初步判断后进行查询，告知客户停电原因。	您好！请您提供您的客户号或用电地址，我们将为您查询，请稍等。	
	● 因电网故障、计划检修引起的停电，客户询问时，应主动告知停电原因，并主动致歉。	很抱歉，因为线路检修，导致您那里停电了，预计将于×时送电，给您带来不便，请您谅解！	及时与生产部门联系，了解工作进展。
	● 因突发性故障导致停电，应告知客户供电公司会尽快排除故障，尽早为客户送电。 ● 应做好客户期望值管理，避免随意告诉客户送电时间。	很抱歉，××地区发生突发性故障，导致您那里停电，给您带来不便了。目前抢修队伍正在现场抢修，我们会尽快排除故障，尽早为您送电！	及时与生产部门联系，了解工作进展。
	● 如因欠费停电，应告知客户复电手续。	××客户，经核实因欠费而被停电，请您尽快交清电费，我们将通知客户经理在您交清电费后24小时内为您恢复供电。	

服务情景	服务行为规范	服务应答示范	注意事项
（4）客户提出查询电量电费	● 礼貌要求客户提供相关客户信息、户号或电费卡。	您好！请问您的客户号是多少？	
	● 如果客户忘记户号或者未带电费卡，则请客户出示身份证，并询问客户用电地址。	请问您的用电地址是哪里？ 对不起，我们需要确认您的身份才能查询，您也可通过掌上电力、微信公众号、电E宝等线上方式查询。	若客户表示未携带，提供营业厅联系电话稍后电话联系办理或引导客户通过掌上电力、微信公众号、电E宝等线上方式查询。
	● 如果客户没有任何证件证明身份，需向客户说明无法查询的原因，并告知客户办理查询业务需要提供客户户号、地址等信息。	对不起，如果您不能提供身份证，我们无法为您查询，您也可通过掌上电力、微信公众号、电E宝等线上方式查询。	
	● 当查询条件满足时，根据客户提供信息，从系统中查出相应信息，并告知客户查询结果。	您××月××日到××月××日之间的电量为××度，电费为××元。	
	● 若发现客户查询时为欠费状态，应告知客户欠费情况并提醒客户尽快交费。	您目前共欠费××元，其中截至今日的电费违约金××元，请您尽快交清欠费，谢谢您的配合。	
	● 若发现交费记录中时常有电费违约金发生，应善意提醒客户。	您每月的抄表日期是××日，为了避免电费违约金的产生，请您每月在××～××日期间缴纳电费。	

（续表）

服务情景	服务行为规范	服务应答示范	注意事项
（5）客户提出查询电费存折余额	● 当客户要求查询电费存折余额时，应礼貌请客户向银行直接查询。	非常抱歉，银行对您账户资金的使用情况是严格保密的，我们无法查到您银行账户的余额信息，您可以直接向银行查询。	
（6）客户提出查询业务流程进度	● 首先询问客户号。	请问您的客户号是？	
	● 核对客户姓名和业务类型。	请问您的姓名是？ 请问您要查询的业务类型是××吗？	
	● 当查询条件满足时，根据客户提供信息，从营销系统中查出相应信息，并告知客户，并确认客户理解。	您好！您所办业务目前的进展情况是这样的……，您清楚了吗？	
（7）客户等候查询结果	● 应主动致歉。	对不起，让您久等了。 感谢您的耐心等候。	
（8）客户表示对咨询查询结果不理解	● 应耐心细致地向客户说明。	您好！您所咨询（查询）……，是这样的……，您是否清楚呢？	不 得 不耐烦。
（10）无法立即答复客户咨询结果	● 向客户致歉； ● 请客户留下联系方式，待请示后答复客户。	对不起，您咨询的问题需要专家解答，我咨询专家后再给您回复，您看好吗？谢谢！	

5. 用电业务受理典型情景

服务情景	服务行为规范	服务应答示范	注意事项
（1）客户办理业务	● 应主动向客户一次性告知所需提供的相关资料、证件、办理的基本流程、相关的收费项目和标准，并提供业务咨询和投诉电话，实现一次办理就好； ● 礼貌将相关表格、资料提交给客户。	您好！这里有业务办理须知，您可以参考一下，有不明白的地方，我再重点向您说明，好吗？	使 用 递送礼。

（续表）

服务情景	服务行为规范	服务应答示范	注意事项
（2）需要相关资料和证件	● 根据客户申请用电类型，要求客户提供所办用电业务的登记表及相关资料、证件； ● 双手接过客户递交的资料； ● 仔细审查证件是否完整、有效。	您好！您要申请××用电业务，对吗？您需要填写×××登记表，并备齐×××……，谢谢您的配合！	最好提供所需资料的明细。 使用递接礼。
（3）客户要求提供用电业务受理服务，却不愿意按照相关规定提供必需的证件	● 提示客户尊重公司制度，同时对客户晓以利害关系。	为了我们更好地为您服务，请您提供××证件，避免他人冒用您的名义要求服务。	
（4）需要客户填写业务表单	● 应双手递上，登记表面向客户，主动引导客户参照书写示范样本正确填写； ● 客户填写过程中给予热情指导和帮助。	这是您申请××业务的登记表，请您按照示范样本的格式进行填写。书写台上有该表书写示范样本，您可以参照填写，如果有不明白的地方，我可以为您详细解释。	
（5）接到申请表单后	● 认真核查客户填写内容的正确性； ● 如发现填写有误，应及时向客户提出并指导进行改正。	对不起，您填写的申请表与××资料上的内容不一致，请您核对一下再重新填写好吗？ 对不起，应该这样填写，请您再填写一份。	
（6）客户业务申请受理完成	● 告知已受理申请，并主动告知客户所办理业务的答复时间； ● 告知相关的收费项目和标准，并提供业务咨询和投诉电话号码； ● 发给客户用电申请回执； ● 把相关资料录入电脑； ● 主动告知下一步业务办理所需要的时间。	您好！您的业务我们已经受理了，我们的工作人员将在近日内与您联系。	使用递接礼。 确保资料完整。 所有资料进行传递、整理、归档。

（续表）

服务情景	服务行为规范	服务应答示范	注意事项
(7)客户对交纳的业务费用产生怀疑	● 耐心解释，并指出收费的依据和相关制度。	您好！您所交纳的这项费用是由××部门核准的，这是相关文件。	
(8)客户资料不合格	资料填写不正确： ● 主动提醒客户修改。	您好！对不起，您填写的登记表与××资料不一致，请您核对一下再重新填写，好吗？	
	资料不完整： ● 明确告知客户缺少的资料。	对不起，您提供的资料不完整，按规定您还需提供……	
	非有效证件或证件过期： ● 告知客户情况，指出需带有效证件办理。	对不起，您提供的××证件无效（或过期），无法办理用电申请手续。按规定您必须提供有效的证件，才能办理用电申请手续。	
	非客户证件： ● 告知客户情况，指出需带本人证件办理。	对不起，请您提供电表户主本人证件方可办理。	
(9)不符合办理业务条件	客户欠费： ● 确认客户是否存在欠费行为，如有则向其解释说明须结清欠费后才能受理其申请。	您好！对不起，您还有××费用尚未结清，暂时无法办理，请您结清后再办理，好吗？	
	公司原因无法办理： ● 向客户致歉，解释无法办理原因，取得客户谅解，并留下客户电话以备下次通知办理。	很抱歉，因为××暂时无法办理，请留下您的联系电话，我们将电话通知您，给您带来不便，请谅解！	
	其他原因无法办理： ● 仔细解释无法办理原因，并指导客户如何达到办理条件。	对不起，您办理的××业务因……原因暂时无法办理，您可以……，然后再来办理。	

服务情景	服务行为规范	服务应答示范	注意事项
（10）客户地址暂不具备供电条件	● 回复客户，并耐心解释，取得客户谅解。	您好！这里没有合适的电源点，如果一定要用电，投资成本较大，建议您做一个经济比较，慎重考虑一下。	
（11）客户因对所办业务产生疑问而询问	● 应先听客户讲完，并耐心细致的解释。	对不起，我们这样做是按××规定办理的，请您放心。	
（12）受理业务需要客户支持配合	● 真诚恳请客户对我们进行配合，并表示感谢。	麻烦您配合我们。 谢谢您的配合。	
（13）需客户签字确认	● 提醒客户仔细阅读相关文本请客户签字。	您好！这是××（相关合同、协议等），请仔细核对后签字。	提供范本供客户参考。
（14）客户提出需要查看相关政策文件	● 立即找出相关文件并给客户解释。	请您稍等。 很抱歉，让您久等了，这是您所要查看的文件。	使用递送礼。
（15）客户供电方案或审图意见答复	● 收到相关部门转来的供电方案或审图意见后，当日内打电话联系客户，通知客户到营业厅取供电方案或审图意见。	您好！××先生，您的××供电方案（审图意见）已经完成，请您来××营业厅收取好吗？	
（16）客户执意不同意交费时	● 向不同意交费的客户宣传有关政策，以取得客户理解。	按照《××》第×条规定，您应该……	
（17）客户为代理人	● 向客户解释在这种情况下，可出具授权委托书委托他人代办，并出示本人及委托人的身份证原件及复印件，方可办理。	您好！请您出具授权委托书，和您及电表户主本人的身份证原件及复印件，方可办理。	

（续表）

服务情景	服务行为规范	服务应答示范	注意事项
（18）客户询问所办理的业务进度和情况	● 审核客户资料，确认后进行查询和回答； ● 详细答复业务办理情况和进度。	请您提供您的客户号或者是详细用电地址，这样我们可以帮您进行准确的查询。 您好！请坐，您的图纸正在审核中，请您耐心等候，您的供电方案一旦审核完成，我们将会及时通知您。	
（19）需电话联系客户或回访	● 礼貌询问客户业务办理情况，核对服务反馈意见。	请问您对××工作人员的服务满意吗？ 请问您对我们的服务有什么宝贵建议？	使用电话礼仪。

注：用电业务办理应遵循让客户一次都不跑原则，并积极推行国网安徽电力微信公众号、掌上电力、电E宝等线上渠道。改变传统营业厅服务模式，提高工作效率和服务效率。

6. 投诉举报受理典型情景

服务情景	服务行为规范	服务应答示范	注意事项
（1）客户投诉	● 辨识客户情感，主动缓解客户情绪； ● 换地点：请客户到安静的地方坐，并提供茶水。 ● 耐心倾听客户意见，并承诺一定帮客户处理。	您好！您先请坐。 您先喝杯（口）水。您的心情我非常理解，遇到这种问题我也和您一样。 我的工号是××，我来为您解决这件事，好吗？	
（2）客户投诉的过程中	● 表示歉意； ● 准确领会客户意思，把握问题关键，分析检验投诉问题，迅速判断问题性质和类别，认真完整记录投诉内容。	非常感谢您给我们提意见。 不好意思，给您添麻烦了。	

服务情景	服务行为规范	服务应答示范	注意事项
（3）投诉受理结束	● 留下联系方式，承诺在时限内就相关问题反馈处理情况； ● 了解记录的投诉内容完整填入投诉处理工单并确认。	您放心，我已记录下来，并尽快核实，我们会在＊个工作日内给您答复，谢谢您的宝贵意见。	把投诉处理工单转相关部门处理。 注意处理时限。
（4）客户反映的问题无法在现场立即解决	● 业务受理人员应委婉解释； ● 告知接下来处理程序，并请留下联系电话，以便及时反馈处理情况。	您好！因为……，我需要将您的问题反馈给××，并在××（时间）前将结果反馈给您，好吗？	
（5）客户在营业厅大声谩骂，情绪激动	● 安抚客户情绪； ● 同时将其引领至经理室或有隔音效果的房间，以免影响其他客户办理业务。	您的心情我非常理解，遇到这种问题我也和您一样。 您好！我们到××，我请××（管理人员）来为您处理好吗？	
（6）客户指责受理人员态度不好	● 表示歉意，并请客户谅解； ● 了解具体不满的原因； ● 认真记录客户的投诉内容，并请客户留下联系方式，提交班长或主管处理。	对不起，由于我们服务不周给您添麻烦了，请您原谅，您能否将详细情况告诉我？	
（7）客户举报	● 对客户表示感谢； ● 准确领会客户意思，迅速判断问题性质和类别，认真完整记录投诉内容； ● 询问客户是否需要反馈，留下联系方式，在承诺的时限内反馈处理情况。	谢谢您对我们的信任。 您放心，我已记录下来，并尽快核实，我们会在＊个工作日内给您答复，谢谢您的宝贵意见。	

（续表）

服务情景	服务行为规范	服务应答示范	注意事项
(8)客户提出相关建议	● 准确领会客户意思，把握问题关键，认真完整记录投诉内容； ● 询问客户是否需要回复，留下联系方式，承诺在时限内就相关问题反馈处理情况； ● 对客户建议表示感谢。	谢谢您的宝贵意见，请问您需要我们回复吗？ 谢谢您的宝贵意见，我们一定改正，谢谢您。	
(9)发现有客户要求填写意见簿	● 对客户表示感谢； ● 及时注意意见、建议内容，并在第一时间予以回复。	您好！谢谢您的建议。	
(10)向客户通报结果回访客户	● 处理时限内，把处理结果通报给客户； ● 同时了解客户对处理结果的满意程度； ● 把回访内容详细记录填写。	您好！对您反映的问题我们处理结果是…… 您好！请问您对我们的处理结果满意吗？	如果客户对处理意见不满意，须重新了解客户要求并继续处理。
(11)客户对处理表示满意	● 对客户表示感谢。	非常感谢您对我们服务的肯定。	

7. 意见建议受理典型情景

服务情景	服务行为规范	服务应答示范	注意事项
(1)客户提出建议	● 向客户致谢。	非常感谢您的宝贵意见！	
	● 认真倾听，记录重点，不打断客户讲话，在客户讲话过程中保持回应； ● 待客户反馈意见和建议完毕后，主动确认客户建议和意见。	您好！感谢您的建议（意见）！您的意见重点是……，对吗？	

（续表）

服务情景	服务行为规范	服务应答示范	注意事项
（1）客户提出建议	● 表明供电公司对客户建议和意见的态度和重视。	谢谢您！您提的意见我们一定慎重考虑，有利于改进工作的，我们一定虚心接受，请多提宝贵意见。	
	● 根据专业知识和相关规定、政策，对客户的建议进行分析判断并做出相应的答复； ● 根据情况判断是否需要提交相关部门处理； ● 询问是否需要回复，如需要则留下联系方式等信息回复。	非常感谢您的宝贵意见，我们会及时反映到相关部门。 非常感谢您的宝贵意见，请您留下联系电话，我们会及时将处理的结果反馈给您。	
（2）客户的建议和意见具有可行性	● 当客户提出的建议和意见具有可行性时，向客户致谢，并向客户告知对建议和意见的后续处理。	非常感谢您的宝贵意见，我们会及时反映到相关部门，感谢您对我们工作的关心和支持。	
	● 当工作有过失应主动向客户赔礼道歉，并向客户表明努力改进的意愿，并请客户监督、向客户致谢。	非常抱歉，因为我们的工作失误给您增加了不少麻烦，非常感谢您及时指出我们的工作失误，我们将避免类似情况再次发生。	不得顶撞客户或与客户发生争执。
（3）客户的建议与现行规定、政策相悖	● 向客户表示感谢，并向客户申明企业制度和法律法规的有关规定，进行解释和必要说明，取得客户理解和支持。	非常感谢您的建议。目前，关于……的规定是这样的……，希望您能理解和支持。	
	● 若客户仍坚持意见，则表示将向有关部门反映客户的意见，感谢客户理解和支持，委婉暗示期望未来能够解决有关建议问题。	我们会把您的宝贵建议反映到相关部门，感谢您对电力事业的理解和支持，相信今后一定能够解决。	

（续表）

服务情景	服务行为规范	服务应答示范	注意事项
（4）客户所提出的建议不属于电力服务	● 判断建议的归口部门，并告知客户。	非常感谢您的宝贵意见，您的建议已经超出了供电公司的服务范围，请您谅解！	

（五）营业厅电话服务典型情景行为规范与应答示范

服务情景	服务行为规范	服务应答示范	注意事项
（1）接客户电话	● 面带微笑，使用礼貌用语。	您好！这里是××供电公司营业厅，请问您有什么事？	
（2）遇到无声电话	● 礼貌按步骤确认客户电话是否有问题，并告知稍候再打。	您好！请问有什么事？（稍停2秒还是无声）您好！请问有什么可以帮助您？（稍停2秒，对方无反应）对不起，您的电话没有声音，请您换一部电话打来，好吗？再见！（稍停2秒，挂机。）	
（3）客户打错电话	● 礼貌告知客户打错电话。	您好！您打错了，这里是××供电公司××路营业厅。	
（4）客户咨询业务问题或查询	● 耐心仔细回答客户问题。	您好！您咨询的问题是这样的，……	

服务情景	服务行为规范	服务应答示范	注意事项
（5）无法回答客户问题	● 礼貌致歉； ● 请其他服务人员帮忙解答； ● 告知客户可以咨询的部门及电话； ● 留下客户电话，稍后回复。	对不起！您的问题我先记录下来，待向主管领导询问后，再给您答复，好吗？	
（6）客户向客户代表咨询供电服务范围以外的业务	● 应致歉并告知客户此业务不在供电服务范围内，指引客户到相关负责部门进行处理。	您好！这里是供电营业厅，您咨询的问题请到××咨询，好吗？	
（7）结束电话前	● 礼貌提示客户是否还有其他需求； ● 礼貌告别； ● 等客户挂电话后挂电话。	您好？请问还有什么需要帮助吗？ 感谢您的来电，再见。	

二、业务勘察

1. 现场服务注意事项及风险点分析

1.1 客户请求指定施工单位

1.1.1 常见不当处理方式

用电业务施工环节涉及客户产权,客户请求指定施工单位,未经沟通提供较为熟悉的施工单位给客户。

1.1.2 主要风险点

违反《国家电网公司员工服务十个不准》之不准为客户指定设计、施工和供货单位。

1.1.3 建议处理方式

与客户沟通向客户解释产权划分,告知客户公司的有关规定。对客户不理解耐心与客户沟通,对客户存在的实际困难协助客户解决。

1.1.4 参考话术

您好!您的要求已超出我的工作范围,请您理解。我非常理解您现在的心情,根据公司的有关规定,我不能为您指定施工单位,请您理解支持,谢谢!

1.2 工作人员未及时前往现场

1.2.1 常见不正当处理方式

客户反映业务勘查已预约,工作人员表示过几天现场勘查,但10天过去了,仍未工作人员与其联系。

1.2.2 主要风险点

工作人员表述的勘查时间较模糊时,给客户寄予希望但承诺未兑现,导致客户认为应该前来处理但未处理或认为工作人员故意推脱而进行投诉。

1.2.3 建议处理方式

(1)严格按照业扩报装有关规定确定勘查时间并提前与客户预约,向客户说明工作内容、确认地址并明确告知客户确切的勘查日期。若客户要求另行约定时间,应尽量满足客户要求。

(2)勘查时间一经确定,应严格按照流程要求完成相应工作,并启动督办闭环制度。

1.2.4 参考话术

您好!我是××供电公司工作人员××。请问,您是××吗?我们准备在××日××时到您那里××,请您配合。

1.3 现场无法满足报装施工要求

1.3.1 常见不当处理方式

现场勘查发现现场无法满足报装施工要求,简单随意推脱,如你这个不能办理、表没地方装,这个问题你解决好以后再联系我们、你资料不全、不能办等。

1.3.2 主要风险点

工作人员随意答复容易让客户认为工作人员推脱、不负责任,在客户自行无法解决的情况下拨打95598。

1.3.3 建议处理方式

帮助客户评估现场实际施工情况,对现场不具备供电条件的,耐心沟通,争取客户理解,并帮助客户采取其他方式用电。

1.3.4 参考话术

您好!经过现场勘察,由于×××原因,目前您这里还暂时不具备供电条件,请您理解。针对您的实际情况,为满足您的用电需求,我建议……

1.4 客户隐患需要整改

1.4.1 常见不当处理方式

中间检查、竣工检验中,对客户隐患或缺陷需要整改时,未正式以书面一次性告知需要整改的问题及若不整改可能造成的后果等,仅仅简单答复,如你这个问题要改、你这个地方不改好下面不管给你办、你抓紧搞吧,这几个问题搞好了再跟我们说等。

1.4.2 主要风险点

中间检查、竣工检验发现客户工程存在隐患或缺陷需要整改时,勘查人员未针对具体问题出具详细的整改通知书,随意答复,且未进一步跟踪、服务闭环,造成客户工程进度缓慢、超时限、服务不到位引发投诉。

1.4.3 建议处理方式

根据现场实际情况向客户当面解释并按照安全、经济、合理的角度与客户沟通,向客户出具问题整改通知书并提请客户在限期整改,同时督办提醒。包括受电工程设计文件的审核意见、中间检查和竣工检验的整改意见,均应以书面形式一次性完整告知。

1.4.4 建议话术

您好!您在×××方面还需要改进,请您在×××天内(规定的时间内)整改完成并重新申请中间(竣工)检验,我公司将及时组织人员再次检验,谢谢您的配合!

1.5 客户资料不全

1.5.1 常见不当处理方式

客户申请用电,受理环节报装资料不齐,客户要求先受理,资料待后续环节补交。受理人员口头答应,但未进行工作交接,后续人员未经核实未通知客户补齐报装资料的情况下单方面终止业务,造成客户不满投诉。

1.5.2 主要风险点

受理人员首问负责制未履行到位,岗位交接制度落实不到位,一证受理未执行到位。

1.5.3 建议处理方式

严格执行一证受理工作规定,强化岗位交接管理制度的执行,明确各环节作业要求,加强上下流程间的监督,确保业扩报装流程各环节操作规范。

1.5.4 建议话术

您好!您的资料不完整,请您再提供××资料,好吗?

1.6 客户业务费委托供电企业代收

1.6.1 常见不当处理方式

私自收取客户受电工程设计、施工等费用。

1.6.2 主要风险点

违反《国家电网公司业扩报装管理规定》,私自设立收费标准、代设计、施工单位收取相关费用。

1.6.3 建议处理方式

严格执行《国家电网公司业扩报装管理规定》,严格按照国家有关规定和价格主管部门批准的收费项目和标准收取费用,严禁擅自设立收费标准、代设计、施工单位收取相关费用。

1.6.4 建议话术

您好!我们不收取您的任何费用,如您费用涉及设计和施工,请您直接与您所委托的设计或施工单位联系。

2. 业务勘查人员服务规范及应答示范

2.1 现场勘查典型情景

服务情景	服务行为	应答示范	注意事项
(1)核对信息和资料	● 当客户户名、地址等相关内容与现场不一致时,应再次确认并做好记录,以便更改。	您好!请问您准确的用电地址(户名)应该是……?	
	● 如客户相关资料不完整时,应明确告诉客户还需要哪些资料。	您好!您的资料不完整,请您再提供××资料,好吗?	

（续表）

服务情景	服务行为	应答示范	注意事项
（2）现场勘察	● 根据勘察结果填写××现场勘察工作单。		
（3）勘查结果告知客户	● 对满足条件的客户申请,现场告知初步勘察结果,引导进入下一步流程。	您好!您的业务我们已完成了现场勘查,我们将尽快制订供电方案,请您保持电话畅通,我们将电话联系您确定供电方案送达方式。	
	● 对不满足条件的客户申请,应向客户说明原因。	您好!经过现场勘察,由于×××原因,目前您这里还暂时不具备供电条件,请您理解。	
（4）当客户对勘察结果有意见时	● 应向客户表示理解其心情,再按照电力法规要求给予客户合理解释,耐心向客户说明,请客户理解。	您好!我非常理解您现在的心情,根据《×××》法规,我公司暂时无法为您×××,请您理解支持,谢谢!	

2.2 中间检查和竣工检验典型情景

服务情景	服务行为	应答示范	注意事项
（1）核心信息和资料	● 当客户户名、地址等相关内容与现场不一致时,应再次确认并做好记录,以便更改。	您好!请问您准确的用电地址（户名）应该是……?	
	● 如客户相关资料不完整时,应明确告诉客户还需要哪些资料。	您好!您的资料不完整,请您再提供××资料,好吗?	

服务情景	服务行为	应答示范	注意事项
（2）现场检验	● 根据检验结果填写受电工程（中间）检查、验收通知书。		
	● 请客户签收确认。应将记录正文朝向客户，双手递送到客户面前，指示给客户签字位置，同时提醒客户认真审核。	您好！这是本次检查结果，请您审核确认后签字！谢谢您的配合！	
（3）检验结果告知客户	● 对满足条件的客户申请，现场告知初步检验结果，引导进入下一步流程。	您好！经过现场检验，您的受电工程符合条件，请您保持电话畅通，我们将电话联系您确定通知单送达方式。	
	● 对不满足条件的客户申请，应向客户说明原因。	您好！您在×××方面还需要改进，请您在××天内（规定的时间内）整改完成并重新申请中间（竣工）检验，我公司将及时组织人员再次检验，谢谢您的配合！	
（4）客户对检验结果有意见	● 应向客户表示理解其心情，再按照电力法规要求给予客户合理解释，耐心向客户说明，请客户理解。	您好！我非常理解您现在的心情，根据《×××》法规，我公司暂时无法为您×××，请您理解支持，谢谢！	

三、装表接电

1. 现场服务注意事项及风险点分析

1.1 换装表工作

1.1.1 常见不当处理方式

现场检查确认为表计故障,告知客户随后会进行更换,但迟迟未给出具体解决方案,或换装表结束后未及时与客户确认。

1.1.2 主要风险点

客户不清楚换表流程,误认为无人处理而投诉。

因客户本人未核对电表指数,或非客户本人签字,由其家人代签,存在客户本人不认可的情况。

1.1.3 建议处理方式

现场告知客户停电原因可能为表计故障,需要进行换表处理,记录现场故障现象,并与客户确认,由客户签字,若客户进一步询问表计故障具体原因,应据实向客户解释。

1.1.4 参考话术

您好!经检查,此次停电原因为电能表故障,引起电能表故障的原因有很多种,如表计质量问题、运行环境、用电过负荷、安装工艺、外力破坏等等,我目测可能是××××原因/从外观上无法确定引起表计故障的原因。我们现在为您换表检验。

1.1.5 建议处理方式

如因特殊情况,无法当场立即处理,需当场(或电话)向客户沟通解释无法马上更换电表的原因。

1.1.6 参考话术

您好！很抱歉，因××××原因，现在无法马上为您更换电表，需要××××，预计还要××时间，请谅解，谢谢您的配合。

1.1.7 建议处理方式

在拆除旧表前，应准确记录待拆电表的止度，请客户确认装拆表工作单，主动提醒客户重点核对资产编号、表计容量、旧表止度、新表起度、计量装置封印数量及编号，指示签字位置，请客户本人确认签名；在安装新表前，请客户核对新表起度，客户确认后方可进行安装。

1.1.8 参考话术

您好！这是您之前故障电表，请您确认×××，并在工作单上签字，谢谢！

您好！我们为您更换的这是新表，指示度是000，请您确认。请您打开开关，确认是否有电，谢谢！

1.2 装换表工作结束后

1.2.1 常见不当处理方式

工作结束后，对客户咨询关于表计疑问回答含糊不清，或未及时解答的情况。

1.2.2 主要风险点

客户经理未清晰解答客户疑问，当客户读取表计度数时存在异议，疑问未得到解决，进而引发投诉。

1.2.3 建议处理方式

在工作结束前，应向客户讲解使用方法和电能表指数读取方式，并告知服务电话。

1.2.4 参考话术

您好！装表工作已结束，请问您需要我解释一下电能表如何使用和读取电能表读数吗？是这样的……，这是我的电话，有什么疑问可以随时找我咨询。

1.3　计量装置损坏

1.3.1　常见不当处理方式

发现因客户责任引起的电能计量装置损坏,蛮横对待客户,指责客户责任,拒绝受理客户需求,不予解决问题。

1.3.2　主要风险点

由于客户原因造成的电表损坏,属于客户资产,需客户自行购买维修,未及时与客户沟通处理,未说明清楚具体情况,客户对此并不理解。

1.3.3　建议处理方式

耐心与客户解释说明,告知客户产权所属,取得客户理解。

1.3.4　参考话术

您好!表计资产属供电部门所有,客户享有对电表的使用权,如因客户原因造成的表计烧坏或丢失,客户需对表计进行赔偿,请您配合支持!

1.4　验表结果存在疑义

1.4.1　常见不当处理方式

当验表的结果符合要求但客户存在疑义,与客户争辩验表结果。

1.4.2　主要风险点

未及时帮助客户分析用电情况,客户对验表结果及判定方法不理解,误认为工作人员存在工作失误。

1.4.3　建议处理方式

主动帮助客户一起分析用电情况,缓解客户情绪,让客户冷静下来,耐心细致地解答客户提出的问题,不与客户发生争执,等客户情绪安定下来后,向其讲述检定过程及有关判定方法,并出示相关的检定证书。可主动帮助客户分析其家庭用电情况,并可主动提醒客户可以向地方技术监督局申请电表检定。

1.4.4　参考话术

您好!我们的检定过程是这样的……,请看,这是您的电表校验报告。如果您对此检定结果还有质疑,我们可一起到市质监部门对您的电表再次进行校验。

2. 装表接电人员服务规范及应答示范

2.1 装表接电典型情景

服务情景	服务行为	应答示范	注意事项
(1)作业前准备	● 按工作任务单(传票)核对现场信息,当不一致时,暂停作业,做好记录,联系有关人员查询相关信息。 ● 主动告知客户需确认信息后再进行装表工作,并向客户致歉。	您好!对不起,我们正在核对您的用电信息,确认完毕后进行装表工作,请您谅解!	
(2)拆表作业	● 如需停电作业,应告知客户停电时间、范围,并请客户电工进行操作。	您好!请您配合我们进行停电操作。谢谢!	
	● 请客户签字确认表计读数。	您好!请您确认表计读数,谢谢!	
	● 若有异常,应经客户确认异常现象并签字,再进入计量装置故障处理流程。	您好!我们检查发现电表有×××异常情况,请您签字确认,我们将进一步为您处理,谢谢!	
	● 若发现违约用电或窃电现象时,要保护现场并立即通知相关人员来取证处理。		
(3)检查复核、接电	● 在工作结束前,应向客户讲解使用方法和电能表指数读取方式,并告知服务电话。	您好!装表工作已结束,您在用电过程中需注意……,该电表示数显示方式及读取是这样的……	

服务情景	服务行为	应答示范	注意事项
(4)装表结束、客户确认	● 工作结束时,请客户确认装拆表工作单,主动提醒客户重点核对资产编号、表计容量、旧表止度、新表起度、计量装置封印数量及编号,指示签字位置,请客户确认签名。	您好!请您确认×××,并在工作单上签字,谢谢!	
(5)现场新装电能表	● 主动请客户看清新表的指示度。	您好!××先生(女士),这是新表,指示度是000,请您确认。	
(6)客户原因造成表计无法安装	● 耐心细致地向客户说明原因,请客户谅解。	您好!因×××原因我们无法安装表计,请您及时把×××原因消除后联系我们再次为您组织装表。	

2.2　计量装置、负荷管理装置故障处理典型情景

服务情景	服务行为	应答示范	注意事项
(1)作业前准备	● 按工作任务单(传票)核对现场信息,当不一致时,暂停作业,做好记录,联系有关人员查询相关信息。 ● 主动告知客户需确认信息后再进行装表工作,并向客户致歉。	您好!对不起,我们正在核对您的用电信息,确认完毕后进行装表工作,请您谅解!	
	● 如需停电作业,应告知客户停电时间、范围,并请客户电工进行操作。	您好!请您配合我们进行停电操作。谢谢!	
(3)客户询问电表损坏原因	● 认真倾听,耐心解释。	对不起,电表损坏原因需经过检定才能确定,暂时无法答复您,请您谅解。	

（续表）

服务情景	服务行为	应答示范	注意事项
（4）当场无法处理故障	● 应立即更换计量装置，以保证客户正常用电，并向客户告知后续处理程序。	您好！表计故障现场暂无法彻底处理，我们将先行为您更换电表以保证您的用电。	
	● 在电能表换下后，电能计量人员和客户一起现场对拆换下的电能表进行加封，并送电能计量中心进行室内检定。		
（5）故障处理完成，请客户确认	● 现场核对资产编号、表计容量、旧表止度、新表起度、计量装置封印数量及编号，请客户在装拆表工作单上签字确认。		
	● 若存在退补电量，将故障信息、退补电量的计算过程、时间、结果和抄录的电能表指示数告诉客户，并请客户签字确认。		

2.3 计量装置轮换、拆除典型情景

服务情景	服务行为	应答示范	注意事项
（1）轮换计划告知	● 应按规定的表计轮换周期，提前告知轮换计划； ● 10kV 及以上高压客户表计轮换告知。	您好！按规定我将对您的电表在×年×月×日进行更换，请给予配合！	
（2）轮换电表需要停电	● 如需停电作业，应告知客户停电时间、范围，并请客户电工进行操作。	您好！请您配合我们进行停电操作。谢谢！	

（续表）

服务情景	服务行为	应答示范	注意事项
（3）客户拒绝配合换表（不停电）	● 应先说明本次换表的原因，耐心细致地解答客户提出的问题。	您好！因为×××原因，我们将对电表进行更换，请您确认一下新、旧电表的读数，感谢您的配合！	
（4）拆表作业	● 请客户签字确认表计读数。	您好！请您确认×××，并在装拆表工作单上签字，谢谢！	
	● 若有异常，应经客户确认异常现象并签字，再进入计量装置故障处理流程。	您好！我们检查发现电表有×××异常情况，请您签字确认，我们将进一步为您处理，谢谢！	
	● 若发现违约用电或窃电现象时，要保护现场并立即通知相关人员来取证处理。		
（5）完成换表后请客户确认	● 用电是否正常。	您好！请您查看一下家中是否用电正常。	
	● 现场核对资产编号、表计容量、旧表止度、新表起度、计量装置封印数量及编号，请客户在装拆表工作单上签字确认。	您好！请您确认×××，并在装拆表工作单上签字，谢谢！	

2.4 计量装置现场校验典型情景

服务情景	服务行为	应答示范	注意事项
（1）现场确认	● 请客户配合确认实际的户表关系。	您好！经现场确认该块电表是您户的，请您再次确认，谢谢！	
（2）当验表结果超出误差允许范围	● 应主动告知客户处理方式。	您的表计需由表计检定部门做进一步的检定，检定的结果我们会尽快通知您。	

（续表）

服务情景	服务行为	应答示范	注意事项
（3）发现电表故障	● 检查发现的故障,应向客户说明故障现象,现场校验人员能处理的需在客户在场情况下现场处理。	您好!经检查发现您的电表发生了故障,请您现场配合处理,感谢您的支持!	
	● 现场不能处理的或者现场虽能处理但存在电量补退的,则转入故障处理流程,并告知客户。	您好!故障电表需拆回进一步处理,请您保持电话畅通,我们将尽快处理并将结果告知您。	
（4）当验表的结果符合要求但客户仍存疑义	● 应主动帮助客户一起分析用电情况,耐心细致地解答客户提出的问题,不与客户争论,等客户情绪安定下来后,向其讲述检定过程及有关判别方法,并出示相关的检定证书;必要时可帮助分析其家庭用电情况;	您好!我们的检定过程是这样的……,请看,这是您的电表校验报告。如果您对此检定结果还有质疑,我们可一起到市计量监督局对您的电表再次进行校验。	
	● 必要时,主动提醒客户可以向地方技术监督局申请电表检定。		
（5）客户询问电表损坏原因	● 耐心向客户解释。	对不起,电表损坏原因需经过检定才能确定,暂时无法答复您,请您谅解。	
（6）客户咨询电能表现场校验结果	● 按校验结果,准确回答客户。	误差非常小,一切正常,如果电量异常请及时联系我们,我们会尽力为您服务,谢谢!	
（8）客户确认	● 将故障信息、退补电量的计算过程、时间、结果和抄录的电能表指示数告诉客户,并请客户签字确认。	您好!这是您的电表检验结果和相关信息,请您核对并签字确认。谢谢!	

四、抄表催费

1. 现场服务注意事项及风险点分析

1.1 欠费通知客户

1.1.1 常见不当处理方式

欠费通知或信息变更需要告知客户,但客户本人不在现场,委托客户家人、邻居或其他人转告客户。

1.1.2 主要风险点

受委托人未及时转告或忘了转告,导致客户本人不知情,误认为无人处理而投诉。联系客户欲告知处理情况,客户未接听或电话拨打不通。客户无法获知处理情况,容易误认为诉求未处理而投诉。

1.1.3 建议处理方式

客户欠费等相关信息应及时告知客户本人。在首次拨打客户电话未接听或未接通时,应待半小时后再行拨打,若仍未接通的,应待一小时后再行拨打,若仍未接听,则应将处理情况编辑成短信发送客户。若客户要求客户经理转交其他人员应留存音频或其他支撑材料便于日后若客户误解引发投诉作为申诉依据。

1.1.4 参考话术

您好!我是×××供电公司客户经理×××,您的用电户号是××,用电地址是×××,截至×月×日您的电费为××元,为了保证您正常用电,请您及时缴费,感谢您的配合。

1.2 错发短信

1.2.1 常见不正当处理方式

客户反映错发短信,未经仔细核对随意变更且后续未跟踪短信发送情况。

1.2.2 主要风险点

未经仔细核对随意变更客户信息,极易造成客户诉求未真正落实,问题未真正解决,重复错发短信甚至造成客户再次致电 95598 引发投诉。

1.2.3 建议处理方式

客户经理联系客户核实,如确属错发短信将按照新增订阅正确手机号码—退订错误手机号码—删除错误手机号码的流程操作。如确属客户自家户号的电力短信,客户经理与客户核实后,征求客户意见是否需要变更订阅手机号码,或仍保留此手机号码。

1.2.4 参考话术

您好!我是×××供电公司客户经理×××。跟您核实一下您订阅的短信服务内容,请问用电户号是××,户名是×××,用电地址是×××是您家的吗?

非常抱歉打扰您了,我们现在给您办理退订,退订后您不会再收到该户的用电信息,请问您目前有订阅您自家的短信服务吗?该服务是免费的,可以帮助您更及时了解到您家的用电情况,这是我的联系电话,如您有用电方面的咨询,可随时联系我,感谢您的支持!

1.3 客户请求代缴电费

1.3.1 常见不正当处理方式

客户请客户经理代缴电费,客户经理帮助客户缴纳,随后未再次与客户确认,客户不认可继而引发投诉。

1.3.2 主要风险点

客户经理在催费过程中常会遇到客户请求客户经理代为缴纳电费,客户经理要避免代缴环节,从源头避免可能引发误解的情况。

1.3.3 建议处理方式

对于代交电费的客户诉求,应尽量回避代缴,提倡客户通过微信、支付宝、掌上电力、电 e 宝以及国网安徽电力微信公众号等多渠道进行缴纳。

1.3.4　建议话术

您好！我是×××供电公司客户经理×××。您的用电户号是××,用电地址是×××,截至××月××日您的电费为××元,为确保您用电正常,请及时去交费。

客户:各种客观原因不能按时缴纳,请您帮我缴一下,我过几天把钱给你……

客户经理:非常抱歉,按规定我们无法帮你缴纳,您可以关注国网安徽电力微信公众号,或者在微信、支付宝上缴纳,都非常方便,这是我的联系电话,如您有用电方面的咨询,可随时联系我,感谢您的支持。

1.4　客户对电价标准不理解

1.4.1　常见不正当处理方式

客户对电价标准不理解,未及时与客户沟通争取客户理解。

1.4.2　主要风险点

客户对电价标准不理解,工作人员若未一次性和客户解释沟通到位,容易造成客户误解,认为收费或电价执行存在偏差而进行投诉。

1.4.3　建议处理方式

梳理客户诉求并准确解释相关电费电价政策,直到客户理解认可为止。并提供电价执行文件或系统收费截屏等资料让客户直观了解。

1.4.4　建议话术

您好！您咨询的业务根据……(按照相关电价政策标准准确解释,并提供相关文件资料纸质版及宣传折页),请问您理解了吗?

1.5　客户怀疑抄表指示抄错

1.5.1　常见不正当处理方式

客户怀疑电表指数抄错,不按时缴电费。客户经理推脱,逃避责任,未与客户沟通解释,强制要求客户交清电费,造成言语冲突,引发投诉。

1.5.2　主要风险点

客户对电表数据不理解,工作人员核实后未与客户解释清楚,造成客户误认为诉求无人解答,或是强制要求客户交清电费,如:"你先把电费交了,其他都好说。""用了电,你不交电费怎么可以"? 等,引起客户不满情况,造成言语冲突,引发投诉。

1.5.3　建议处理方式

告知客户前往现场帮客户核实处理,查找客户上次抄表数据,帮助客户分析用电情况,请客户先核实,引导客户交清电费后办理验表,如确实存在疑问,向客户真诚道歉,提出解决方案,寻求客户理解配合。

1.5.4　参考话术

您好! 很抱歉给您带来不便,我们查询到您上次的抄表数据为…跟你实际用电量是否一致? 如果不一致,我们会继续帮您核查具体原因,请您稍等。如确实属于电表问题,我们会在下个月退还电费差额。

1.6　客户经理服务范围变更

1.6.1　常见不正当处理方式

客户经理负责客户范围发生变更,客户咨询时跟客户说不负责此处,让客户打其他客户经理电话。

1.6.2　主要风险点

客户咨询时未履行首问负责制和内转外不转,让客户单方面联系,未能一次性解决客户诉求。

1.6.3　建议处理方式

接到客户来电,应详细询问客户诉求,无论是不是自己工作范围的,都应记录下来帮助客户联系处理。能够当场答复的按照相关规定规范答复;无法当场答复的,记录下客户诉求,联系客户所在辖区客户经理或专业人员进一步处理。

1.6.4　参考话术

您好! 您咨询的问题是这样的……

您好! 您咨询的问题我已记录下来,稍后联系您所在辖区客户经理给您进一步处理。

1.7 上门催费

1.7.1 常见不正当处理方式

上门催费时在客户小区门口或单元楼道门口贴《欠费停电通知书》。

1.7.2 主要风险点

未注意保护客户隐私,客户对公开个人信息较为敏感且反感,容易造成客户不满,引发投诉。

1.7.3 建议处理方式

宜直接送达客户,并尽量减少给客户造成的负面影响。应将欠费通知书装入信封,塞入欠费客户门缝或贴在客户户门上方的方式进行催收。

1.7.4 参考话术

您好!我是××供电公司客户经理×××,这是您的电费通知单,请您尽快到附近的收费网点交费,也可以采用微信、支付宝等方式交费,谢谢您的配合与支持。

2. 抄催人员服务规范及应答示范

2.1 催费典型情景行为

服务情景	服务行为	应答示范	注意事项
（1）电话催费	● 应表明身份,说明缘由; ● 面带微笑,语气柔和,耐心细致。	您好!我是×××供电公司客户经理×××,您的用电户号是××,用电地址是×××,截至×月×日您的电费为××元,请您接到电话后及时去缴费,感谢您的配合。	
	● 打错电话时应主动致歉。	对不起!非常抱歉,打扰您了!	

（续表）

服务情景	服务行为	应答示范	注意事项
（2）集中小区客户公告催费	● 对于集中小区的客户除采用以电话、短信催费形式以外，同时应以公告方式提醒客户缴费。		
（3）上门催费	居民客户上门催费： ● 应按规定时限将欠费客户催费通知单送达客户； ● 不得采取在小区门口或单元楼道门口贴《欠费客户催费通知书》的方式，应将欠费通知书装入信封，塞入欠费客户门缝或贴在客户户门上方的方式进行催收。	您好！我是××供电公司客户经理×××，这是您的电费通知单，请您尽快到附近的收费网点交费，也可以采用微信、支付宝等方式交费，谢谢您的配合与支持。	注意保护客户的名誉权。《欠费客户催费通知单》宜直接送达客户，尽量减少给客户造成的负面影响。
	其他客户上门催费： ● 应按规定时限将欠费客户催费通知单送达客户，并请客户签字确认。	您好！我是××供电公司客户经理×××，这是您单位的电费通知单，请您安排人员尽快到附近的收费网点交费，也可以采用微信、支付宝等方式交费，谢谢您的配合与支持。	
	● 客户拒收通知单时，应耐心说明，不得与客户发生争执，注意保留证据。	您好！按国家×××规定，我们必须通知您，同时请您在本通知上签字，非常感谢您的支持和配合！	
	● 对无法见到本人的客户，应当以挂号信或公证机关现场公证等可靠方式进行送达，以避免承担法律风险和责任。		

（续表）

服务情景	服务行为	应答示范	注意事项
（4）跟踪欠费	● 对已发送《电费通知书》后还未缴费的客户通过电话和上门等方式进行不定期催费。	××先生/女士，我们已在××日送达电费通知单（书），请您安排好时间，在××日缴清电费，避免因欠费停电给您带来的不便。	
（5）客户怀疑电表有误差，不按时缴电费	● 认真倾听，耐心解释。	本月电费请您按时缴纳，如您怀疑电表问题，可以申请验表。如确实属于电表问题，我们会在下个月退还电费差额。	
（6）客户反映电量电费异常	● 应马上查询客户交费记录，并再次核实现场抄表情况，并向客户做好解释工作； ● 确有差错，应向客户致歉，并告知后续处理。	您好！很抱歉，由于××原因，致使您本月电量电费出现了计量错误。我们已经按规定进行了更正，请您按更正后的电量电费准时缴费，对给您带来的困扰，我们深表歉意！感谢您的支持！	
	● 若未差错，则告知客户查核结果，并提醒客户按时缴费。	您好！经我公司查核，您本月的电量和电费无误，请您按时缴清电费，谢谢您的支持！	
（7）银行代扣不成功的回复	● 客户办理代扣，但因代扣时银行账户没有资金，故代扣不成功的回复。 ● 指导客户前往办理银行进行账户查询，并告知客户，由于账户没有足够资金，代扣不成功而引起的电费违约金由客户本人承担，由于银行漏扣的电费违约金由银行承担，请客户在代扣账户保留足够的资金，以保证代扣成功。	您好！代扣不成功通常有以下几种原因：……，建议您到银行进行进一步了解，以免给您的正常缴费带来不便！	

2.2 欠费停电典型情景行为

服务情景	服务行为	应答示范	注意事项
（1）送达停电通知书	向居民客户送达： ● 送达居民客户处应请户主签收，送达时先表明身份、出示证件并说明来意，请客户经办人签收。	您好！我是××供电公司工作人员。 ×××，这是我的证件。到目前为止，我们还未收到您本月应缴的电费，按×××规定，我们将对您进行停电处理，请您在通知书上签字。谢谢！	注意保护客户的名誉权。《欠费客户停电通知书》宜直接送达客户，尽量减少给客户造成的负面影响。
	向非居民客户送达： ● 送达非居民客户处，应请相关负责人进行签收，告知具体停电时间，并提请客户做好相关准备。送达时先表明身份、出示证件并说明来意，请客户经办人签收。	您好！我是××供电公司工作人员，这是我的证件。到目前为止，我们还未收到贵单位本月应缴的电费。按×××规定我们将在×年×月×日×时×分，对贵单位进行停电处理，请贵单位做好相应准备，并在通知书上签字。谢谢！	
	● 客户拒收通知书时，应耐心说明，不得与客户发生争执，注意保留证据。	您好！按国家×××规定，我们必须通知您，同时请您在本通知书上签字。非常感谢您的支持和配合！	
	● 对无法见到本人的客户，应当以挂号信或公证机关现场公证等可靠方式进行送达，以避免承担法律风险和责任。		

（续表）

服务情景	服务行为	应答示范	注意事项
（2）停限电前准备	● 在停电当日应再次确认客户是否已缴费,如客户已缴清欠费则应终止实施停电措施,并立即通知相关部门。		
	● 对大客户和重要客户要在停限电前30分钟再次电话通知客户,并做好电话录音,方可在通知规定时间实施停电。通知非居民客户时,应找到相关负责人并告知具体停电时间与安全注意事项。	您好!我是××供电公司的工作人员×××,由于贵单位未在我公司规定的期限内缴纳电费,我们依法于×年×月×日×时×分中止供电,请贵单位予以配合,做好准备并注意安全事项。谢谢!	
	● 通知居民客户时应告知具体停电时间。	您好!我是××供电公司的工作人员×××,由于您户未在我公司规定的期限内缴纳电费,我们依法于×年×月×日×时×分中止供电,请予以配合。谢谢!	
（3）现场停电	● 停电前5分钟务必再次查询客户的欠费信息,并核对被执行停电客户的户名、地址、表计资产编号等相关信息,以避免停错电后可能带来的纠纷。		
	● 现场不具备停(限)电条件时,要求客户立即整改,并请客户做好准备工作。	您好!我是××供电公司的工作人员,来办理停电手续,请您配合尽快处理×××,以免影响贵处后续用电。谢谢。	

（续表）

服务情景	服务行为	应答示范	注意事项
（3）现场停电	● 实施停电时,应请客户支持、配合和谅解。当客户拒绝配合时,工作人员应予以充分说明,当客户仍拒绝且态度恶劣地阻挠时,立即向上级主管报告,避免产生冲突。	您好！电能是商品,缴纳电费是您的义务,我们将按《电力法》的规定依法中止您户供电,在您交清费用后我们将及时为您恢复供电,请您配合我们的工作！	在采取停（限）电措施时,要做到有理、有据、有度,严格执行规定的停（限）电程序。
	● 实施停电时,如客户表示愿意马上交电费,停电人员要暂时停止停电程序,请客户立即缴清所欠电费。	您好！请您立即到就近的×××（银行或供电营业厅）缴清所欠电费。	
	● 按规定执行完停电操作后,可在表计处粘贴欠费停电的字样并留下联系电话,以方便客户及时查询欠费和联系交费事宜。		
	● 停电后再次进行检查,确认停电对象正确无误后方能离开。		
（4）复电	● 在确认欠费客户已缴清电费及电费违约金后,应在当日内实施复电,下班时间或周休日均不例外。		
	● 对专变、专线客户,恢复送电前应事先主动和客户约定好恢复送电的时间,并取得客户书面签字确认或进行电话记录,以便客户做好准备,避免安全事故或其他意外情况发生。	您好！我们将于×年×月×日×时×分,恢复贵单位的电力供应,请贵单位提前做好相关准备,以免出现安全事故或其他意外情况,谢谢您的配合！	

（续表）

服务情景	服务行为	应答示范	注意事项
(4)复电	● 为客户现场复电时,请客户配合支持。当现场不具备复电工作条件时,请客户整改。	您好! 我是××供电公司的工作人员,来为您办理复电手续,请您配合处理×××,以便我们尽快复电。谢谢。	
	● 现场恢复供电后,电话联络确认客户已正常用电、电能表正常运作后,方能离去。	您好! 请问您处已恢复供电了吗? 您能正常使用吗?	
(5) 错停电时	● 由于供电公司、代收费银行的原因造成客户代扣电费不成功形成欠费停电,或因电表错接线、操作失误形成错停电等情况发生时,应先致歉并立即恢复送电,再进行核实和纠正处理,并及时将处理情况向客户反馈。	您好! 对不起! 由于×××原因,致使您处误停电了,对给您造成的困扰和不便,我们深表歉意! 我们将立即恢复您的供电,并将对此失误进行处理并尽快向您通报处理意见。谢谢您的理解和支持!	
(6)客户情绪激动称未接到催费通知就被停电了,必须立即恢复送电	● 先安抚客户情绪,查清催费,了解停电过程。若催费员确未按程序操作或在操作过程中有欠缺,应向客户致歉,同时安排送电,再要求客户交清电费。争取客户的谅解,并建议客户为方便交费,避免因欠费停电情况的再次发生。可办理电费托收(单位客户)、代扣、预存等方便的缴费方式。	您好! 请您别激动,我将立即安排给您复电,请您谅解! 今后,您也可以采用国网安徽电力微信公众号、掌上电力、电E宝等线上缴费方式,请您尽快将上月电费交清。感谢您的支持和配合!	

五、故障抢修

1. 现场服务注意事项及风险点分析

1.1 客户询问抢修时限

1.1.1 常见不当处理方式

现场抢修过程中,使用模糊的处理时间表述,如对客户说:尽快处理、两小时内到场处理、回头有空来处理等。客户在故障抢修过程中要求工作人员明确故障处理时间和恢复送电时间。对无法明确答复的回答随意甚至反感。如什么时候修好我怎么知道、你不会自己看啊、我怎么知道什么时间送电等。

1.1.2 主要风险点

(1)工作人员表述的处理时间较模糊时,容易与客户所理解的时间产生偏差,容易导致客户认为应该前来处理但未处理或认为工作人员故意推脱而进行投诉。

(2)工作人员未明确告知客户何时处理,在经过一段时间后,容易导致客户因着急、想了解进度等原因拨打95598。

1.1.3 建议处理方式

按照抢修服务规范在规定时间内到达现场,现场针对故障情况能够确定处理时间时,应明确告知客户确切的处理日期。

1.1.4 参考话术

您好!×××地方的故障经初步分析是×××原因导致,预计×××小时后能修复,请您耐心等待。

1.1.5 建议处理方式

因现场条件限制等客观原因,无法及时修复确定处理时间的,应告知客户需商议后再予确定，并现场安抚做好沟通解释工作。

1.1.6　参考话术

您好！由于故障比较复杂，估计排除故障需要较多时间，我们将马上组织抢修，争取尽快送电，请您理解配合！

1.2　客户内部故障

1.2.1　常见不当处理方式

对故障因客户内部原因造成，简单随意推脱，如这是内部故障，不属于我们处理、你这个故障自己找人修吧、这个故障我们处理不了，你自己想办法吧等。

1.2.2　主要风险点

工作人员随意答复容易让客户认为工作人员推脱、不负责任，在客户自行无法解决的情况下拨打95598。

1.2.3　建议处理方式

帮助客户评估故障程度，帮助客户认识产权分界点划分，在不提供有偿服务时，建议客户自行联系有相关资质的电工进行处理。

1.2.4　参考话术

很抱歉！我非常理解您现在的心情，以产权分界点为界，如果属于供电公司维护责任的，我们将尽快进行抢修，为您恢复供电。您所描述的故障发生范围属于您的自有产权，按照《供电营业规则》第四十条规定不属于我公司免费抢修维护范围，请自行联系有资质的维修队伍为您处理，好吗？您也可以拨打114电话或者网络查询有资质的电工帮您处理。感谢您的配合！

1.3　故障未处理结束

1.3.1　常见不当处理方式

抢修人员检查完现场后未与客户说明情况，直接离开现场，未与客户及时沟通，造成客户不理解。

1.3.2　主要风险点

工作人员未事先与客户协商，对故障处理回复随意含糊，客户不理解，误以为抢修人员态度差，或不愿意处理。

1.3.3 建议处理方式

告知客户初步判断故障点位置，对客户做好解释工作，并告知采取的措施方法，表示积极组织抢修、尽快复电的意愿。

1.3.4 参考话术

您好！对不起，因故障较为复杂，我们已安排工作人员现场进一步查找故障原因，请您稍等，感谢您的理解配合！

1.4 故障抢修电话接听

1.4.1 常见不当处理方式

态度冷漠、语气强硬、没有详细记录客户需求；直接应允了客户要求，受理客户投诉。

1.4.2 主要风险点

因服务态度或服务热情问题造成客户不满、甚至投诉。造成越位服务，受理超出承诺范围的服务。

1.4.3 建议处理方式

接听电话应热情、礼貌，有同理心。控制通话节奏，严禁与用户发生争执。如遇用户情绪激动无法沟通时，可转给上一级人员处理。对客户提出的批评、建议虚心接受，表达主动服务的意愿。工作人员服务应到位，但不能越位，不轻易承诺超出服务内容的任务，对于承诺的服务做到位。

1.4.4 参考话术（详细请参见附件 1）

您好！请问有什么可以帮您？（很高兴为您服务）

您好！您的故障情况我已经帮您记录，稍后会有工作人员与您联系，请您稍等。

您好！很抱歉，本电话只受理故障报修，不受理投诉业务。如果您有相关工作意见或建议，请致电 95598 反映，或者如果您觉得再次拨打其他电话很麻烦的话，我先帮您记录一下诉求内容，挂机后跟相关部门反映，安排专业人员跟您联系。

2. 抢修人员情景行为规范与应答示范

服务情景	服务行为	应答示范	注意事项
（1）接到抢修任务后向客户电话核对信息	● 接到抢修任务后，立即联系客户核对信息，如故障地点、故障设备和故障现象等。	您好！请问是×××吗？请问您的故障地址是……，对吗？您可以把故障设备和故障现象在电话里说明一下吗？以便我们做好抢修准备。谢谢！	
（2）到达故障现场，回复95598到达时间	● 到达故障现场时，应首先将到达时间报告配抢指挥中心。	您好！我们是前往×××故障处的抢修组，我们已经到达现场！	
（3）判定故障原因	故障属于客户产权，且较大时： ● 应向客户说明并通知客户自行处理，同时提醒客户有关安全要求等； ● 离开现场前向客户解释产权划分方法，以及供电公司抢修职责范围。	您好！该故障发生范围属于您的产权内，不在我公司免费抢修维护范围，建议您联系有资质的维修队伍为您提供相关服务。	
	故障原因属于供电公司产权： ● 向客户致歉，并扼要说明故障情况； ● 立即准备故障抢修。	您好！对不起！故障是由于××引起，给您的工作（生活）带来不便了。我们将立即组织抢修工作，尽快恢复供电！	
	片区性停电时： ● 应立即通知抢修调度协调巡线班共同检查。		
	发现若干户客户家用电器同时损坏时： ● 应提醒客户保持家用电器损坏原状，告知客户供电公司会安排专人前来处理，同时立即将情况报告管理人员。	您好！请保持家用电器损坏原状，我们将安排专人前来处理，感谢您的配合！	

服务情景	服务行为	应答示范	注意事项
（3）判定故障原因	事故原因无法判断或职责范围无法界定时： ● 要及时报告主管派人到现场协调勘察和指挥，同时对客户做好解释工作并告知采取的措施方法。	您好！对不起，因故障较为复杂，我们已安排工作人员现场进一步查找故障原因，请您稍等，好吗？	
（4）将故障原因回复95598	● 抢修人员应及时通知95598故障的原因，当能够明确预计处理时间时，应明确告知95598排除故障预计时间。	您好！×××地方的故障经初步分析是×××原因导致，预计×××小时后能修复！	
（5）客户询问修复时间	● 向客户耐心解释，礼貌致歉； ● 根据故障情况，如能明确时间则告知客户。	您好！经我们初步判断是××原因导致，预计在××时可以修复。	不得使用"早着呢""等着吧""不知道"等服务忌语。
	● 不能明确时间时，不应向客户答复具体时间，应说明原因，并表示积极组织抢修、尽快复电的意愿。	您好！由于故障比较复杂，估计排除故障需要较多时间，我们将马上组织抢修，争取尽快送电，请您理解配合！	
（6）公共场所进行电缆沟道施工作业	● 严格执行安全管理相关规定，现场设立明的安全护栏、标志和警示牌，明确工作区域。		
	● 施工中委派专人及时提醒过往行人注意安全。	您好！我们是××供电公司工作人员，请您注意安全，谢谢！	
	● 施工结束后应立即恢复原有公用设施，保证车辆、行人等正常通行和使用。		

（续表）

服务情景	服务行为	应答示范	注意事项
（7）居民室内抢修	● 遇有障碍物需挪动时,向客户说明原因,请客户给予配合; ● 禁止在客户室内抽烟、喝水、吃饭,禁止使用客户的洗手间和毛巾等物品。	麻烦您把这个挪动一下好吗,谢谢!	
（8）故障抢修尚未完毕,又接到新的抢修任务	● 应根据故障的大小、紧急程度,优先对大故障、紧急故障进行抢修,向客户做好解释工作和相应的安全措施。	您好! 很抱歉! ××地方发生了××事故,我们接到紧急命令必须马上赶去,等那边故障处理完,我们马上赶回来处理您的故障,请您谅解!	
（9）由于现场条件限制等客观原因,无法及时修复	● 应向客户耐心解释,并及时向主管领导汇报,尽最快速度排除客观限制因素,争取在最短时间内修复并供电。	很抱歉,由于××条件限制,我们无法及时修复,请您谅解! 我们将采取××措施,确保您在最短时间恢复用电。	
（10）故障抢修时,客户不配合并对产权分界点有异议	● 保持冷静,不与客户争吵,明确告知客户故障原因,指明产权分界处依产权分界点划分维护责任,积极指导帮助客户尽快抢修及早恢复供电。	您好! 请您配合我们的工作,以产权分界点为界,属于供电公司维护责任的,我们将尽快进行抢修,其他产权不属于供电公司维护范围,请您理解。	
（11）故障抢修采用临时措施恢复供电	● 主动告知客户,同时做好记录,并移交相关班组进行后续处理。	您好! 因×××原因我们现在只能采取临时措施,先恢复您的供电,我们安排工作人员进一步处理。	

（续表）

服务情景	服务行为	应答示范	注意事项
（12）故障处理完成主动告知客户	● 故障处理完毕，请客户验证故障是否已经排除。	您好！故障已经排除，请您查看您的用电是否正常。	
（13）回复配抢指挥中心	● 故障处理结束后，抢修人员应将故障处理完毕时间、处理结果、遗留问题等情况回复95598。	您好！×××地方的故障已经处理完毕，已恢复供电！	

六、用电检查

1. 现场服务注意事项及风险点分析

1.1　电话预约客户

1.1.1　常见不当处理方式

未提前致电客户,直接前往工作现场。

1.1.2　主要风险点

未提前和客户联系,现场检查时,客户不在现场,导致对检查结果不认可。

1.1.3　建议处理方式

先表明身份、再确认客户身份,向客户说明工作内容、确认地址和时间。若客户要求另行约定时间,应尽量满足客户要求。预约结束后对客户的支持致谢。

1.1.4　参考话术

您好!我是××供电公司工作人员××。请问,您是××吗?我们准备在××日××时到您那里××,请您配合。没关系!那么您什么时间方便呢?感谢您对我们工作的支持,再见!

1.2　告知检查结果

1.2.1　常见不当处理方式

需请客户做好交接记录签收及检查结果确认工作,现场检查情况未出具书面检查结果,对检查结果未告知客户。

1.2.2 主要风险点

未将检查结果告知客户,导致客户对现场检查结果不认可。

1.2.3 建议处理方式

应准备好签收单和笔,将记录正文朝向客户,双手递送到客户面前,指示给客户签字位置,同时提醒客户认真审核。

1.2.4 参考话术

您好!这是《用电检查结果通知书》,请您审核确认并在此处签字,谢谢配合!

1.3 检查发现客户存在安全隐患

1.3.1 常见不当处理方式

检查发现客户存在安全隐患,对现场检查出来的安全隐患未告知客户。

1.3.2 主要风险点

未告知客户安全隐患,导致客户处发生安全问题。

1.3.3 建议处理方式

应及时向客户说明并发放《用电检查结果通知单》。

1.3.4 参考话术

您好!根据×××标准,您的设备存在下列安全隐患……,这是具体的内容(《用电检查结果通知书》),请您确认,好吗?

1.4 检查发现客户窃电行为

1.4.1 常见不当处理方式

当检查出客户有违约或窃电行为,未将客户违规行为书面告知客户,或遇客户对检查结果不冷静时,与客户发生争执。

1.4.2 主要风险点

客户对违约或窃电行为的查处,本来就很敏感,如果检查人员现场处理不当,会导致与客户发生矛盾。

1.4.3 建议处理方式

应保持冷静、理智,控制情绪,避免与客户发生争吵,应向客户提供相应文件标准和依据,做到有理有据。开具《用电检查结果通知单》,请客户签字确认。

1.4.4　参考话术

您好!您违反了《电力法》第××条规定,请您立即停止这种行为。谢谢您的配合!

您好!请您在《用电检查结果通知单》上签字。谢谢!

1.5　客户有窃电行为,态度蛮横

1.5.1　常见不当处理方式

客户确有窃电行为,要求客户接受处理,客户态度蛮横,未向客户耐心解释,直接与客户在言语和行为上有争执。

1.5.2　主要风险点

客户与现场检查人员发生矛盾,引发客户不满。

1.5.3　建议处理方式

不与客户发生争执,耐心向客户说明原因并请予以配合。

1.5.4　参考话术

您好!根据电力法规定,我们必须对您进行停电,请您尽快至××部门接受处理。

1.6　营业事故调查时

1.6.1　常见不当处理方式

营业事故调查时,对客户处有影响安全用电的设备查处时,未及时采取封存处理。

1.6.2　主要风险点

客户处如有影响安全用电的设备,经检查发现后,未及时处理,后续会影响其他客户或者电网安全。

1.6.3　建议处理方式

应及时进行现场取证,对不易移动的物证应进行拍照,对收集的证据应详细登记并请客户签字。事故现场的客户受电装置、计量表计等需要技术鉴定的,检查人员应予封存并请客户确认。

1.6.4　参考话术

您好！麻烦您在这上面签字,谢谢！您好！我们将对您×××设备进行暂时封存！请您支持和配合,谢谢！

1.7　居民家用电器理赔

1.7.1　常见不当处理方式

居民家用电器理赔处理,现场检查后,未告知客户关于家电赔偿处理的程序和时限。

1.7.2　主要风险点

未将处理的程序和时限告知客户,导致客户因家用电器损坏,心情焦急而产生投诉情绪。

1.7.3　建议处理方式

应及时主动地与客户取得联系,做好客户的安抚工作。客户对理赔处理结果不满意时,应做好客户意见记录,向相关部门转达,不可当面生硬拒绝客户,同时告知客户具体答复时间。

1.7.4　参考话术

您好！请您放心,我们会在24小时之内到现场进行调查、核实,如果确属供电公司造成的,我们会按照规定负责赔偿您的损失。您好！我非常理解您的心情,请您放心,我们将尽快把您的情况向公司相关部门转达,根据我公司规定,我们将在×日之内向您回复我公司进一步处理的结果。

1.8　客户询问检查意见

1.8.1　常见不当处理方式

当客户询问检查意见,未将检查结果告知客户或客户询问时,未按照规定告知检查依据。

1.8.2　主要风险点

未向客户提供检查依据,让客户对检查结果不认可。

1.8.3　建议处理方式

应按照国家或电力行业技术标准给予客户合理解释。

1.8.4　参考话术

您好！根据××标准,贵单位(您这边)存在××问题,请您签字确认。为了保障您的用电安全,请立即整改。

1.9　客户不配合用电检查

1.9.1　常见不当处理方式

客户不配合用电检查,未与客户耐心解释,遇到客户阻拦,直接强行检查。

1.9.2　主要风险点

因现场检查,与客户发生争执甚至是打斗。

1.9.3　建议处理方式

应先向客户说明清楚来意,要求客户配合检查,不得与客户发生争执。

1.9.4　参考话术

您好！为了保障电网安全和可靠供电,需要对您及其他客户实施用电检查,请您理解和配合,谢谢！

1.10　客户对政策不理解

1.10.1　常见不当处理方式

客户因对政策的理解不同与工作人员发生意见分歧,未向客户耐心解释供电企业政策,直接与客户发生争吵。

1.10.2　主要风险点

因客户对政策的不了解,并且未得到检查人员的解释说明,导致客户理解错误,发生矛盾。

1.10.3　建议处理方式

应充分尊重客户意见,为客户做好解释工作,必要时可提供相关技术书籍,沟通中做到态度温和、语言诚恳,严禁与客户发生争吵,应积极主动地争得客户理解。

1.10.4　参考话术

您好！为了您用电安全,保证电网正常运行,请您暂时停下运行设备,配合我们检查、排除异常情况,谢谢!

2. 用电检查典型情景行为规范与应答示范

服务情景	服务行为	应答示范	注意事项
(1)需请客户做好交接记录签收及检查结果确认工作	● 应准备好签收单和笔,将记录正文朝向客户,双手递送到客户面前,指示给客户签字位置,同时提醒客户认真审核。	您好!这是《用电检查结果通知书》,请您审核确认并在此处签字,谢谢配合!	
(2)检查发现客户存在安全隐患	● 应及时向客户说明并发放《用电检查结果通知单》。	您好!根据×××标准,您的设备存在下列安全隐患……,这是具体的内容(《用电检查结果通知书》),请您确认,好吗?	
(3)当检查出客户有违约或窃电行为	● 应保持冷静、理智,控制情绪,避免与客户发生争吵,应向客户提供相应文件标准和依据,做到有理有据。	您好!您违反了《电力法》第××条规定,请您立即停止这种行为。谢谢您的配合!	
	● 开具《用电检查结果通知单》,请客户签字确认。	您好!请您在《用电检查结果通知单》上签字。谢谢!	
(4)在查处窃电行为	● 应按规定向客户开具《用电检查结果通知单》,并可当场中止供电。按国家规定追补电费和违约金,在窃电事实消除、客户承担了相应的违约责任后,应及时恢复供电,不能及时恢复供电的,应向客户说明原因。		

（续表）

服务情景	服务行为	应答示范	注意事项
（5）营业事故调查	● 应及时进行现场取证，对不易移动的物证应进行拍照，对收集的证据应详细登记并请客户签字。	您好！请您在……（相关资料）上签字确认，谢谢！	
	● 事故现场的客户受电装置、计量表计等需要技术鉴定的，检查人员应予以封存并请客户确认。	您好！我们将对您的×××设备进行暂时封存！请您支持和配合，谢谢！	
（6）居民家用电器理赔处理	● 应及时主动地与客户取得联系，做好客户的安抚工作。	您好！请您放心，我们会在24小时之内到现场进行调查、核实，如果确属供电公司造成的，我们会按照规定负责赔偿您的损失。	
	● 客户对理赔处理结果不满意时，应做好客户意见记录，向相关部门转达，不可当面生硬拒绝客户，同时告知客户具体答复时间。	您好！我非常理解您的心情，请您放心，我们将尽快把您的情况向公司相关部门转达，根据我公司规定，我们将在×日之内向您回复我公司进一步处理的结果。	
（7）当客户询问检查意见	● 应按照国家或电力行业技术标准给予客户合理解释。	您好！根据××标准，贵单位存在××问题，请您签字确认。为了保障您的用电安全，请立即整改。	
（8）客户不配合用电检查	● 应先向客户说明清楚来意，要求客户配合检查，不得与客户发生争执。	您好！为了保障电网安全和可靠供电，需要对您及其他客户实施用电检查，请您理解和配合，谢谢！	

（续表）

服务情景	服务行为	应答示范	注意事项
（9）客户确有窃电行为，要求客户接受处理，客户态度蛮横	● 不与客户发生争执，耐心向客户说明原因并请予以配合。	您好！根据电力法规定，我们必须对您进行停电，请您尽快至××接受处理。	
（10）客户因对政策的理解不同与工作人员发生意见分歧	● 应充分尊重客户意见，为客户做好解释工作，必要时可提供相关技术书籍，沟通中做到态度温和、语言诚恳，严禁与客户发生争吵，应积极主动地争得客户理解。	您好！为了您用电安全，保证电网正常运行，请您暂时停下运行设备，配合我们检查、排除异常情况，谢谢！	

七、现场通用服务规范及应答示范

1. 预约客户典型情景

服务情景	服务行为	应答示范	注意事项
(1)电话预约客户	● 首先要表明身份。	您好！我是××供电公司工作人员××。	
	● 确认客户身份。	请问,您是××吗?	
	● 向客户说明工作内容、确认地址和时间。	我们准备在××日××时到您那里××,请您配合。	
	● 若客户要求另行约定时间,应尽量满足客户要求。	没关系！那请问您什么时间方便呢?	
	● 预约结束后对客户的支持致谢。	感谢您对我们工作的支持,再见!	
(2)预约时不是客户本人接听	● 主动询问客户的其他联系方式后继续电话预约。	不好意思,打扰了！请问您知道他(她)的联系方式吗?	
	● 询问方便接听电话的时间并记录,按记录的时间打电话预约。	我什么时候打电话给他(她)比较方便呢?	
(3)预约后不能在预定时间内赶到	● 先向用户道歉做适当的解释,取得客户谅解,并告知客户预计到达时间。	对不起,因为××原因,让您久等了！我们将在××点钟前赶到！请您谅解!	
(4)预约后无法前往现场	● 先向用户道歉并做适当的解释,取得客户谅解,和客户另行约定时间。	对不起,因为××原因,我们无法按预定计划前往贵处,请您谅解,您看您什么时间方便呢?	

2. 出发前准备典型情景

服务情景	服务行为	应答示范	注意事项
(1)工具准备	● 准备好现场作业时需用的工器具,并认真检查工器具的使用状态。		
(2)表单准备	● 认真准备好现场需用的各类表单和文件。		
(3)着装准备	● 着统一工作服、佩戴有效工作证件,按相关规程戴安全帽、穿绝缘鞋。		

3. 抵达现场典型情景

服务情景	服务行为	应答示范	注意事项
(1)进入居民家庭室内	● 应先按门铃或轻轻敲门(按客户门铃长短适中,控制在3声以内。敲门标准动作为连续轻敲2次,每次连续轻敲3下)。		
	● 主动出示证件并自我介绍。	您好!我是××供电公司工作人员,这是我的工作证件。	当出示证件时,证件应正面朝向客户,用双手递送。
	● 确认客户身份,说明工作内容。	您是××先生(女士)吧,我来给您办理××业务,请您支持配合,谢谢!	
	● 征得同意后,戴上鞋套,方可入内。		

（续表）

服务情景	服务行为	应答示范	注意事项
（2）进入企业、单位内	● 主动出示工作证件，并进行自我介绍。	您好！我是××供电公司工作人员，这是我的工作证件。	当出示证件时，证件应正面朝向客户，用双手递送。
	● 向客户说明工作内容和工作地点，请客户给予配合；遵守客户内部相关管理制度。	我们是来给您（贵单位）办理××业务，请您支持配合，谢谢！	

4. 作业前准备典型情景

服务情景	服务行为	应答示范	注意事项
（1）核对现场信息	● 按工作任务单（传票）认真核对现场信息。 ● 当信息不一致时，暂停作业，做好记录，联系有关人员确认相关信息，并向客户说明。	您好！由于×××信息不一致，我们需要先确认清楚后，再进行××工作，请您理解支持。	
（2）准备作业	● 工具和材料摆放有序，严禁乱堆乱放，按规定做好安全措施。		
	● 提醒客户在现场作业过程中的注意事项。	您好！我们将马上开始××（如抢修）作业，在此过程中，请您注意×××，好吗？	
	● 如需停电作业，应告知客户停电时间、范围，并请客户电工进行操作。	您好！请您配合我们进行停电操作。	

5. 现场作业典型情景

服务情景	服务行为	应答示范	注意事项
（1）文明作业	● 保持现场清洁,不随意吐痰,不随意丢弃废旧票单。		
（2）操作客户电气设备	● 当现场需操作客户电气设备时,应征得客户同意并由客户电工进行操作。	您好!由于××工作需要,请您安排电工操作××设备,好吗?	
（3）向客户问询	● 面带微笑,语言温和,态度诚恳。问题应简单、明了,不论客户是否给予满意答复,都应礼貌向客户致谢。	您好!请您详细说明有关×××的情况,好吗?谢谢!	
（4）借用客户物品	● 应征得客户同意并致谢。	您好!请借用一下您的××,好吗?谢谢!	
（5）客户情绪激动	● 应先安抚情绪,再办理事情,不要与客户争论对与错,耐心细致地解释说明。	您好!我非常理解您此时的心情。您别着急,我们会核实您提供的情况,并加以妥善解决。	
（6）客户表示要找上级领导时	● 根据事情的轻重缓急,灵活选择处理方式。	请您不要着急,我会记录下来,及时汇报,尽量为您解决!	
（7）客户善意邀请	● 礼貌拒绝; ● 如果客户坚持则告知公司不允许接受客户邀请。	您不用客气,谢谢您对我们的鼓励,再见! 对不起,按公司的规定我们不能接受,请您谅解!	
（8）不明白客户意思	● 礼貌提示客户重复讲一次。	对不起,可能我没听清楚,麻烦您再重复一遍,好吗?谢谢您!	

（续表）

服务情景	服务行为	应答示范	注意事项
（9）客户听不明白	● 向客户致歉； ● 将客户不明白的地方重新解释，直到客户明白为止； ● 确认客户是否明白。	很抱歉！也许我说得不够清楚，请允许我再解释一遍。 对不起，我的意思是……请问我说的您是否听清楚了？	
（10）客户拒绝配合作业	● 当客户拒绝配合相关作业时，应做好解释工作，严禁与客户发生争吵。	您好！为了您更好安全、合理用电，请您理解并配合，谢谢！	
（11）客户有意见	● 客户有意见时，应认真听取客户意见，耐心向客户解释，严禁与客户发生争吵。	谢谢您！您提的意见我们一定慎重考虑，有利于改进工作的，我们一定虚心接受。	
（12）现场不能完成作业	● 当现场不能完成作业需终止工作时，应主动向客户说明原因及后续处理方式。	您好！由于×××原因，现在我们必须终止××工作，请您理解支持。我们将在×××后，再来现场进行处理，谢谢您的理解和配合！	
（13）在工作中损坏客户的设施	● 在工作中损坏客户的设施时应主动向客户表示歉意，争取取得客户的谅解，应修复或等价赔偿。	您好！非常抱歉，我们把您的×××损坏了，我们负责为您修复，如无法修复我们会根据相关规定给您赔偿，请您谅解！	
（14）客户的要求超出工作权限	● 向客户致歉； ● 提供其他解决方法。	对不起，您提出的要求已超出我的工作权限，我将记录下来尽快联系相关部门为您处理，好吗？	

（续表）

服务情景	服务行为	应答示范	注意事项
（15）客户的要求超出公司规定或无法满足	● 应向客户耐心解释，争取客户理解；当客户过于激动时，可报告主管进一步解释。	对不起，我们公司暂时尚未开展此项服务，无法满足您的要求，请您谅解。	
（16）拒绝客户的要求	● 礼貌委婉拒绝； ● 必要时耐心解释拒绝理由。	很抱歉，您反映的问题我们公司无法满足您的要求，原因是……	
（17）回答客户问题	● 可回复客户时就客户问题给予相应答复。	您好！您咨询的问题是这样的……	
	● 无法立即答复客户时，向客户致歉，请客户留下联系方式，待请示后答复客户。	对不起，您反映的问题我将记录下来，请您留下联系方式，我将请专业人员进一步给您答复，可以吗？	不得擅自将错误的信息传递给客户。
（18）问题回答错误需要更正	● 礼貌致歉，即时更正。	很抱歉，刚才您的问题我还需要做一些补充，请您记录一下，好吗？	
（19）遇到不理智客户	● 始终保持语气谦逊、态度诚恳； ● 在客户换气的时候，以您好或称呼礼貌地打断客户； ● 若无法处理，应马上报告现场主管。	● 您别着急，请您将情况告诉我，我将尽力为您解决！	不可与客户顶撞，发生争执。
（20）遇到蛮不讲理客户	● 耐心给予解释，提示客户可向有关方面反映不同意见。	我尊重您的用电权利，但是同时希望您能够履行您的用电义务，在为您服务的过程中，我也希望得到您的尊重。 您不要着急，有话慢慢说，如果您有不同意见，可以请有关方面解决。	切忌与客户吵闹。

（续表）

服务情景	服务行为	应答示范	注意事项
(21)遇到客户情绪激动	● 耐心安抚客户情绪； ● 提醒客户问题解决更重要。	我非常理解停电后给您的生活带来了极大的不便,非常抱歉。 我完全理解您的苦衷,请问您希望我们怎么做呢？ 您别着急,我会尽力帮助您的,请您把事情的经过告诉我,好吗？ 如果您能把遇到的事告诉我,我想我们一定能一起找到解决的方案。	
(22)客户情绪激烈,破口大骂	● 自我调整好心情,尽量使客户的情绪平静； ● 礼貌提醒客户文明用语,请客户尊重工作人员。	您别着急,请您将情况告诉我,我将尽力为您解决！ 先生/女士是有身份的文明人士,麻烦您冷静些,我们一定会帮您解决问题的。	不可与客户对骂。
(23)受到客户批评	● 真诚地向客户表示歉意； ● 表示对客户意见的重视和感谢。	我们的服务没能达到您的要求我们感到很抱歉,您提的意见我们一定慎重考虑,谢谢您,并欢迎今后多提宝贵意见。	不可不予理睬。
(24)得到客户表扬	● 谦虚,礼貌应对。	别客气,这是我们应该做的。 非常感谢您对我工作的肯定,能为您服务是我的荣幸。	

6. 作业结束典型情景

服务情景	服务行为	应答示范	注意事项
（1）整理清扫现场	● 客户现场作业结束后,应清扫整理,做到工完、料净、场地清; ● 电力电缆沟道等作业完成后,应立即盖好盖板,确保行人、车辆通行。		
（2）归还借用物品	● 向客户借用的物品,用完后应先清洁再轻轻放回原处,并向客户致谢。	您好!我已经把您的××放回原处了,请您收好!非常感谢您的帮助!	
（3）提示客户注意事项和安全用电	● 主动向客户交待相关注意事项,提示安全用电要点。	您好!在用电过程中,请您注意×××,确保用电安全。	

7. 客户确认典型情景

服务情景	服务行为	应答示范	注意事项
（1）填写工作单	● 准确填写现场工作相关的工作单。		
（2）请客户确认	● 对需要客户确认的事项,请客户签字,并致谢。	您好!请您确认×××,并在×××工作单上签字,谢谢!	请客户签收时应将工作表正文朝向客户,双手递送到客户面前,指示给客户签字位置,同时提醒客户认真审核。
	● 客户拒绝在工作单上签字时,应耐心说明,不得与客户发生争执,必要时应请客户向其上级主管报告反映。	您好!请您配合我们在工作单上签字确认。如果您对我们的工作有不满意的地方,请您批评指正,如果您还有意见,我们将记录下来,及时向公司领导汇报处理!	

（续表）

服务情景	服务行为	应答示范	注意事项
（3）确认客户其他需求	● 主动确认客户其他需求，如客户有其他需求，应主动引导或联系相关部门解决，并进行跟踪督促，直至客户的问题处理完毕。	您好！请问还有其他什么可帮您的？	

8. 离开现场典型情景

服务情景	服务行为	应答示范	注意事项
（1）客户向工作人员道谢时	● 谦虚，礼貌应对。	别客气,这是我们应该做的。	
（2）感谢客户	● 离开时应向客户礼貌道别。	感谢您的支持,我们将随时为您提供服务。再见！	

附件　供电所接听电话应答话术

一、故障报修类参考话术

(一)一片停电

1. 已有用户报修或者已上传停电信息

　　工作人员:您好! ××供电公司(供电所),请问有什么可以帮您? (很高兴为您服务)

　　用户:你好,我这里停电了,什么时候能来电?

　　工作人员:先生/女士,请问怎么称呼您? 您那边是您一户没电还是一整片都没电?

　　用户:好像都没电……

　　工作人员:好的,请提供一下您所在的具体位置吗? 我帮您详细查询一下。

　　用户:××路××号(××镇××村××组)

　　工作人员:(系统内查询线路故障与停电信息)×先生/女士,经过查询,您所在的区域目前受恶劣天气影响出现突发性线路故障,我们已组织工作人员赴现场进行抢修,请您耐心等待,我们会争取尽快修复故障,恢复送电。

　　用户:这么冷/热的天停电怎么行! 你告诉我什么时候能来电?

工作人员：您的心情我非常理解，我们都希望即刻送电，但特殊天气，请您多一点理解和包容。具体送电时间暂时还不能确定，请您耐心等待，我们会尽快为您抢修送电。感谢您的理解和支持。

（用户不断纠缠送电时间，或抢修人员所在位置等，话务员可礼貌重复以上话术）

用户：好吧，恢复送电后请给我回电。

工作人员：好的，请您保持来电号码畅通，感谢您对我们工作的支持，再见！（如果跟客户承诺复电后回电的话，请一定做好登记工作，并在恢复供电给客户回电）

2. 未查询到报修记录或停电信息

工作人员：您好！请问有什么可以帮您？（很高兴为您服务）

用户：××路一片停电了，你们派人来修一下。

工作人员：请问您是市区用户？还是县的用户？请提供业务号，如没有业务号详细地址可以描述一下吗？

用户：××市××县××路××小区。

工作人员：请稍候，正在帮您查询（立即核对同一地区是否有停电信息记录）。感谢您的耐心等待，目前未查到此地停电信息，我们立即安排抢修人员现场检查。请问来电1×××××××××××，这个号码可以联系到您吗？

用户：可以的。

工作人员：好的，请您保持电话畅通，我们立即安排人员处理。请问您还有其他需求吗？

用户：没有了，谢谢。

工作人员：好的，感谢您的来电，再见。

如果是一片停电，已经登记停电信息，用户明确问故障点

工作人员：用户您好！查询到您所在停电范围已经有相关停电信息，我们的工作人员正在积极抢修，具体送电时间无法给您答复，请您理解并且稍等可以吗？

用户:那你跟我说他们在哪查？我去看看。

工作人员:很抱歉,因为线路故障抢修人员是要沿供电线路查找故障点的,供电线路从几公里至几十公里不等,而且有的线路架设路径也比较偏僻,我们确实无法答复您抢修师傅的固定位置。

用户:好吧！

工作人员:好的,感谢您对我们工作的支持,再见！

(二)一户停电

1. 一般情况

工作人员:您好！请问有什么可以帮您？(很高兴为您服务)

用户:你好,我家停电了。

工作人员:请问您是一户停电还是多户停电了?

用户:就我一家停了。

工作人员:您好！请问您的户号是多少？我帮您查询一下。

用户:户号是××××××××××。

工作人员:请稍等,感谢您的耐心等待,请问您的户名是×××,地址是××××,是吗?

用户:是的。

工作人员:目前尚未查到您有停电信息。初步判断是故障,请问您的空气开关和室内线路检查了吗?

用户:没有,怎么查?

工作人员:您可以请个有资质的电工帮您看看是否是空气开关跳闸,或是室内线路短路引起的停电,如果是正在使用某种电器的时候突然停电,很可能是开关跳闸了,可以先停止使用电器,试送开关看看。

用户:哦,没问题,我看了开关都是好的。

工作人员:好的,您的来电是×××,可以联系到您吗?

用户:可以的。

工作人员：好的。请您保持电话畅通，我们立即安排人员去现场帮您检查处理。请问您还有其他需求吗？

用户：没有了，谢谢。

工作人员：好的，感谢您的来电，再见。

2. 欠费停电

工作人员：您好！请问有什么可以帮您？（很高兴为您服务）

用户：你好，我家停电了。

工作人员：您好！请问您是一户停电还是多户停电了？

用户：就我一家停了。

工作人员：您好！请问您的户号是多少？我帮您查询一下。

用户：户号是×××××××××

工作人员：用户您好！经查询看到您是由于欠费导致的停电，您可选择多种途径进行缴费，我稍后将联系相关班组与您联系处理，您看可以吗？

用户：好的。

工作人员：请问您还有其他需求吗？

用户：没有了，谢谢。

工作人员：好的，感谢您的来电，再见。

(三)电压过低

1. 一般情况

工作人员：您好！请问有什么可以帮您？（很高兴为您服务）

用户：我们电压不正常啊，电器都用不了。

工作人员：请问是一片都有这个现象，还是只有您一家？（一户可初步判断为内部故障）。是一直电压都低吗？

用户：一片都是。原来还可以，今天突然不行了。

工作人员：好的，请提供业务号好吗，如没有请提供您的详细地址好吗？

用户:我是♯♯镇♯♯村♯庄。

工作人员:请问您的来电号码×××可以联系到您吗?

用户:可以。

工作人员:好的先生,请您保持电话畅通,我们立即安派人员现场检查。请问您还有其他需求吗?

用户:没了,你们快点。

工作人员:好的,我们会尽快安排,感谢您的来电,再见。

2. 特殊情况

工作人员:您好!请问有什么可以帮您?(很高兴为您服务)

用户:我们一片电压不正常,电器都用不了。每天到这个时间点就不行,几年了,年年都说修,从来没修好过。(客户情绪激动)

工作人员:很抱歉先生,能提供一下您的详细地址吗?我帮您查询一下。

用户:我是♯♯镇♯♯村♯庄。你们都不知道吗?那我们反映了几年了,反映到哪去了?

用户:我不要他们跟我联系,你现在告诉我,什么时候能正常用电?

工作人员:先生,我非常理解您的心情,(安抚客户情绪)但这是我首次受理您的电话,我很希望能为您解决问题,您能给我点时间,让我帮您安排吗?

用户:好,你现在帮我安排。

工作人员:请问您的来电号码×××可以联系到您吗?

用户:可以。

工作人员:先生,请您保持电话号码畅通,我立即联系相关人员核实处理,请问您还有其他需求吗?

用户:没有了,你们快点。

工作人员:好的,感谢您的来电,再见。

(若用户仍然纠缠此类问题,话务员可礼貌重复以上话术)

二、非故障类参考话术

(一)欠费停电

1. 一般情况

工作人员:您好!请问有什么可以帮您?(很高兴为您服务)

用户:我家停电了,电费我已经交过了,帮我送下电吧。

工作人员:好的,请您提供您的交费户号好吗?

用户:户号是××××××。

工作人员:您好!户号××××户名是×××××地址是××××××是吗?(立即在系统内查询用户电费交纳情况,是否确实属于欠费停电)。

用户:是的。

工作人员:好的,马上帮您联系,会有工作人员为您复电的。

用户:什么时候能有电?

工作人员:按照规定我们会在电费缴清登记后 24 小时内恢复供电,稍后我会立即帮您安排,您看可以吗?

用户:好的,那你快帮我通知吧。

工作人员:好的,请问您还有其他需求吗?

用户:没有了。

工作人员:感谢您的来电,再见。

2. 费控用户

工作人员:您好!请问有什么可以帮您?(很高兴为您服务)

用户:我家停电了,电费我已经交过了。

工作人员:好的,请您提供您的交费户号好吗?

用户:户号是××××××。

工作人员:您好！户号××××户名是×××××地址是××××××是吗？（立即在系统内查询用户电费交纳情况,是否确实属于欠费停电）。

用户:是的,什么时候能有电？

工作人员:按照规定我们会在电费缴清登记后 24 小时内恢复供电。因为您是智能交费客户,系统会自动发送复电指令,请您注意查看手机短信的复电提醒,如超过 24 小时仍未复电,请您再次致电反映,我们会立马安排人员处理。

用户:好的,那我知道了。

工作人员:好的,请问您还有其它需求吗？

用户:没有了

工作人员:感谢您的来电,再见。

(二)查询电量电费

工作人员:您好！请问有什么可以帮您？（很高兴为您服务）

用户:你给我查下我家电费。

工作人员:好的,请您提供您的客户编号。

用户:户号是××××××

工作人员:您好！户号××××户名是×××××地址是×××××是吗？

用户:是的。我什么时候抄表,用了多少电？

工作人员:您的抄表日期是×月×日,您×月×日到×月×日的电量为××度,电费为××元。目前是欠费状态,为了防止影响您的正常用电,请您尽快缴费。

用户:好的,我知道了,那我最迟什么时间缴费？我最近比较忙,实在没时间。

工作人员:为了避免电费违约金的产生,请您在本月的×日前缴纳电费,您如果很忙,建议您可以选择关注安徽电力微信公众号或用支付宝、掌上电力 App、电 e 宝、95598 供电服务网站等网上途径缴纳电费。

用户：好的，我知道了。

工作人员：好的，请问您还有其他需求吗？

用户：没有了。

工作人员：感谢您的来电，再见。

(三)错发短信

工作人员：您好！请问有什么可以帮您？（很高兴为您服务）

用户：你们不要发短信（打电话）给我了，那个户号不是我的。

工作人员：很抱歉给您带来了不便，请问您收到短信的电话是来电显示的号码吗？

用户：是的，老是发短信给我，那什么人我又不认识。

工作人员：请问您收到的户号可以提供一下吗？我们记录下来后，帮您提出取消申请。

用户：户号是×××。

工作人员：好的，现在帮您处理（系统操作），感谢您的耐心等待，系统已取消绑定，您可以观察一个月，如果发现仍有短信发送给您，请您立即联系我们，我们将联系技术部门为您解决，您看可以吗？

用户：好，我先看看吧。

工作人员：好的，感谢您的来电，再见。

(四)用户咨询业务办理流程

工作人员：您好！请问有什么可以帮您？（很高兴为您服务）

用户：你好，我想办理××业务，怎么办？

工作人员：××业务办理您可以带上相关资料至当地的营业大厅，在费用结清的情况下可以办理。

用户：要带什么哪些材料？

工作人员：××业务需要提供的资料较多,您记录一下。（工作人员：告知客户所需提供的材料）

用户：好的,那什么时候能办好?

工作人员：××业务办理的时限是××个工作日。

用户：那我去哪个营业厅可以办理?

工作人员：请问你的地址在哪里?

用户：××区××路××小区。

工作人员：离您最近的营业厅是××营业厅,位于××路××号。

用户：好的,我知道了。

工作人员：请问还有其他可以帮您的吗?

用户：没有了。谢谢。

工作人员：不用谢,感谢您的来电,再见。

三、投诉类参考话术

工作人员：您好！请问有什么可以帮您?（很高兴为您服务）

用户：我要投诉。

工作人员：您好！很抱歉,本电话只受理故障报修,不受理投诉业务。如果您有相关工作意见或建议,请致电95598反映,或者如果您觉得再次拨打其他电话很麻烦的话,我先帮您记录一下诉求内容,稍后跟相关部门反映,安排专业人员跟您联系。

用户：好的。

工作人员：感谢您的来电。